MIRJAM WITTMANN

Working — Equitation

Spaß und Motivation – Dressur einmal anders

KOSMOS

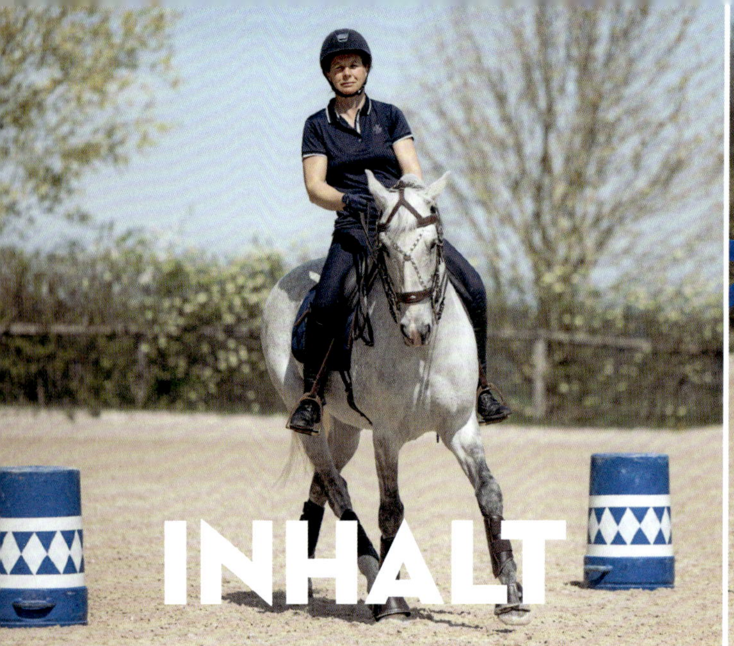
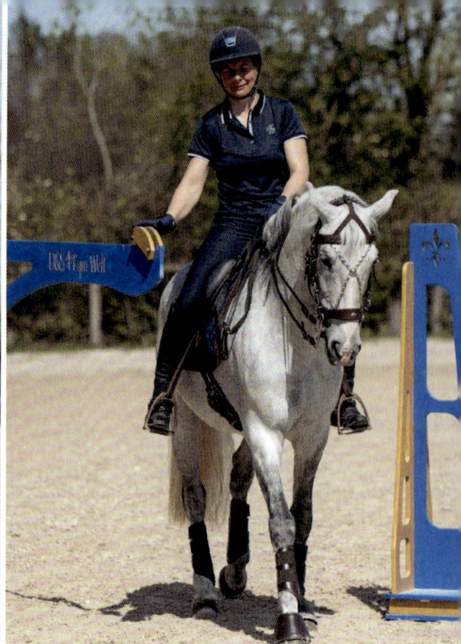

INHALT

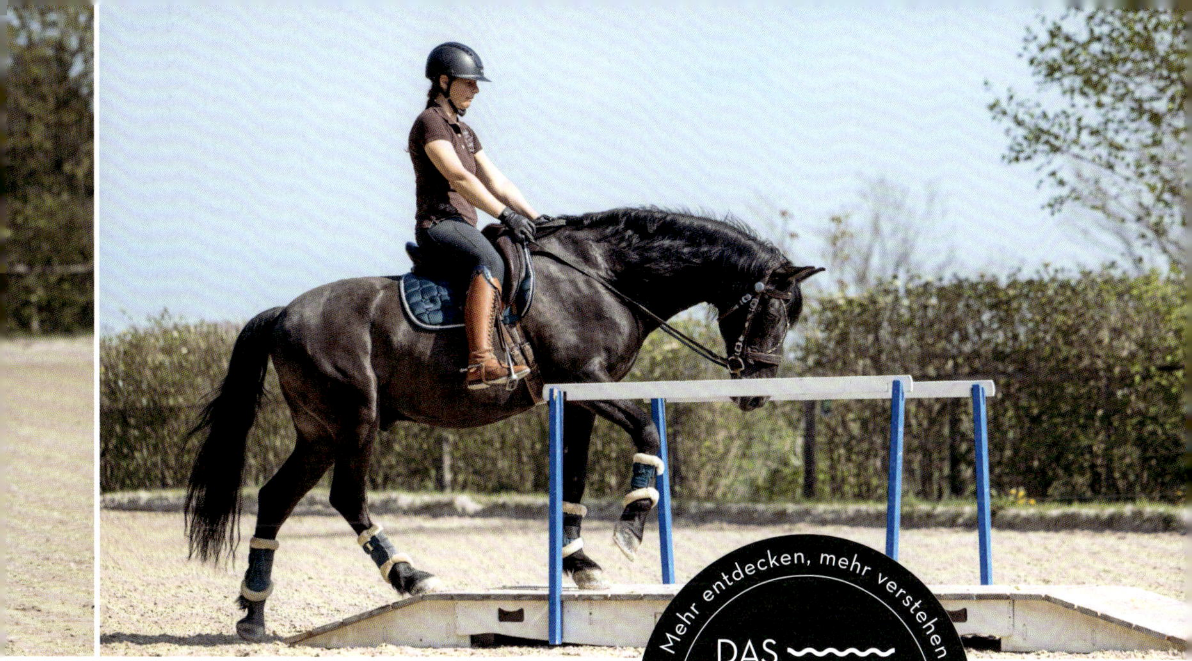

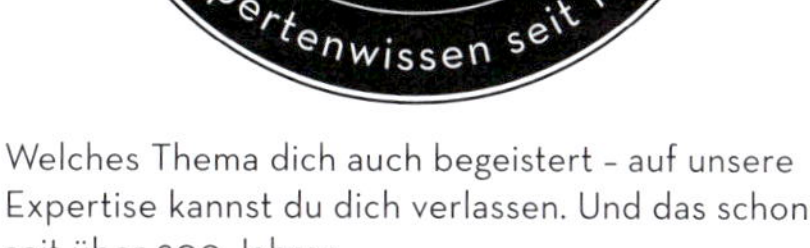
Mehr entdecken, mehr verstehen
DAS
KOSMOS
VERSPRECHEN
Expertenwissen seit 1822

Let’s go working

Working Equitation ist eine wunderbare Verbindung der unterschiedlichsten Reitstile, die sich seit dem Ursprung der Reiterei bis in die heutige Zeit entwickelt haben. Hier vereinen sich traditionelle Arbeitsreitweisen mit Lektionen der Klassischen Dressur, finden sich Ideen aus der militärischen Nutzung des Pferdes ebenso wie Elemente aus dem Geländereiten und dem Springen. In den letzten Jahren wurde die Working Equitation als Sportart immer bekannter und die Begeisterung geht durch alle Sparten der Reiterei. Dieses Buch soll allen Working Equitation-begeisterten Reitern und jenen, die es werden wollen, einen Einblick geben und ein Leitfaden sein. Es wird eine spannende Reise werden!

Die Idee hinter dieser Sportart begeistert bereits jetzt viele Reiter, es kommen immer mehr dazu. Auch wenn man nicht „nur“ Dressur reiten möchte, ist Working Equitation eine tolle Ergänzung und bereichert das Training.

WORKING EQUITATION BEGEISTERT

Die Working Equitation entwickelt sich rasant. Das erste Turnier fand 2008 in Deutschland statt. Zunächst lächelte man noch darüber und deklarierte die neue Disziplin als „Sportart für Freizeitreiter und jene, die Alternativen suchen“. Aber die Szene wuchs und veränderte sich schnell. Inzwischen ist die Working Equitation eine anspruchsvolle und faszinierende Disziplin, die auch auf

»Viele Reiter entdecken, dass die Idee der Working Equitation ihre spezielle Disziplin bereichert und sowohl sie als auch ihre Pferde davon profitieren.«

Mirjam Wittmann

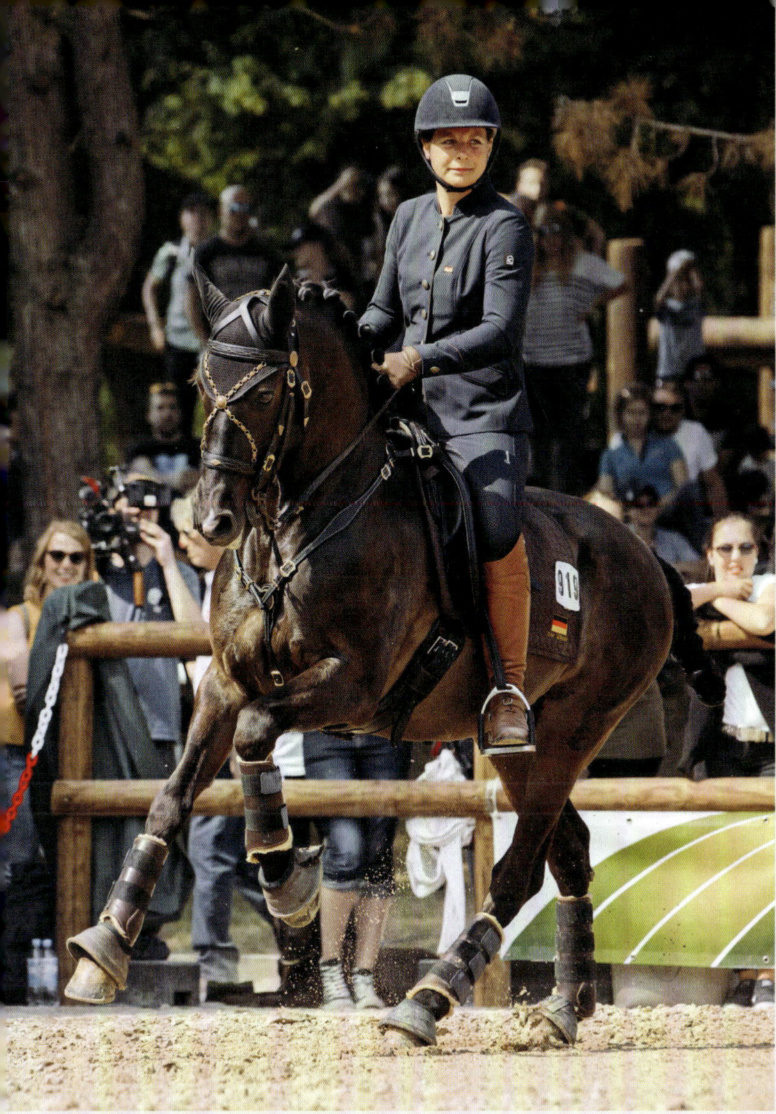

Auf dem Weg zum Weltmeistertitel: Mirjam Wittmann und ihr PRE-Wallach Kiro

internationaler Ebene nicht mehr wegzudenken ist. Es gibt nun Landesverbände auf der ganzen Welt, von Australien über Amerika und natürlich Europa, und jedes Jahr kommen neue Länder dazu. So wächst die Familie der begeisterten „Worker", was auch zur Folge hat, dass hier Spitzensportler ebenso reiten wie ambitionierte Freizeitreiter.

REITEN MIT NIVEAU

Auch wenn jeder herzlich willkommen ist in der Working Equitation: Eine klassische Grundausbildung, reitstilübergreifend gesehen, ist unumgänglich, damit das Pferd die Hilfen versteht und es ihm möglich ist, die gestellten Aufgaben zu meistern. Die „Workerfamilie" ist immer bestrebt, schöne Bilder zu zeigen, das heißt Harmonie und Gelassenheit haben grundsätzlich Vorrang.
Ein motiviertes Pferd wächst an seinen Aufgaben. Daher kommt es häufig vor, dass Pferde mit Angstthemen oder Vertrauensproblemen lernen, über sich hinauszuwachsen und plötzlich mit einer neuen Idee an Aufgaben herantreten. Zum Schluss sind Pferd und Reiter ein Team und trauen sich, in rasantem Tempo durch einen Parcours oder hinter Rindern herzugaloppieren. Sie entdecken sich gemeinsam voller Freude neu.

WORKING EQUITATION – WAS IST DAS EIGENTLICH?

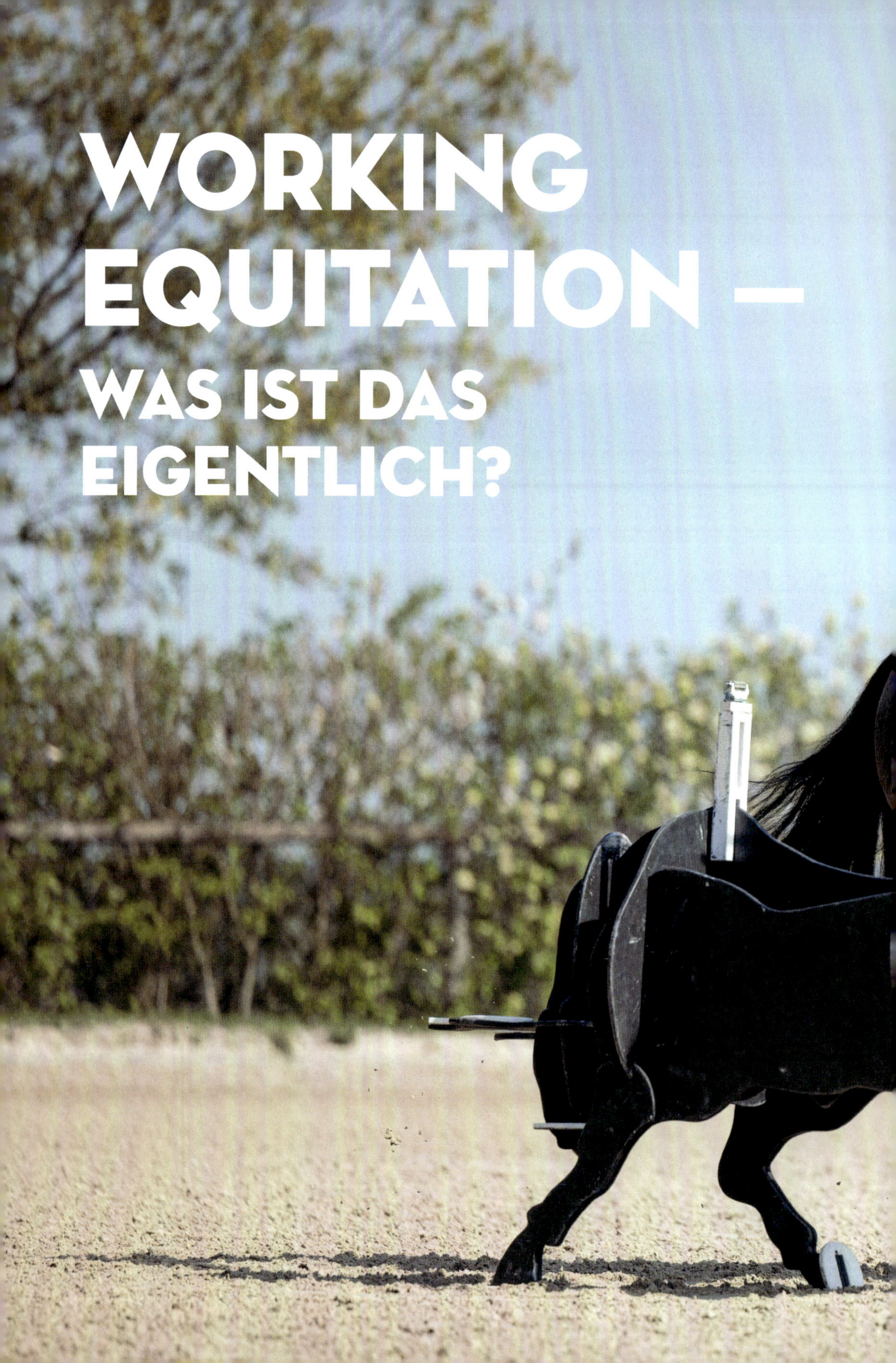

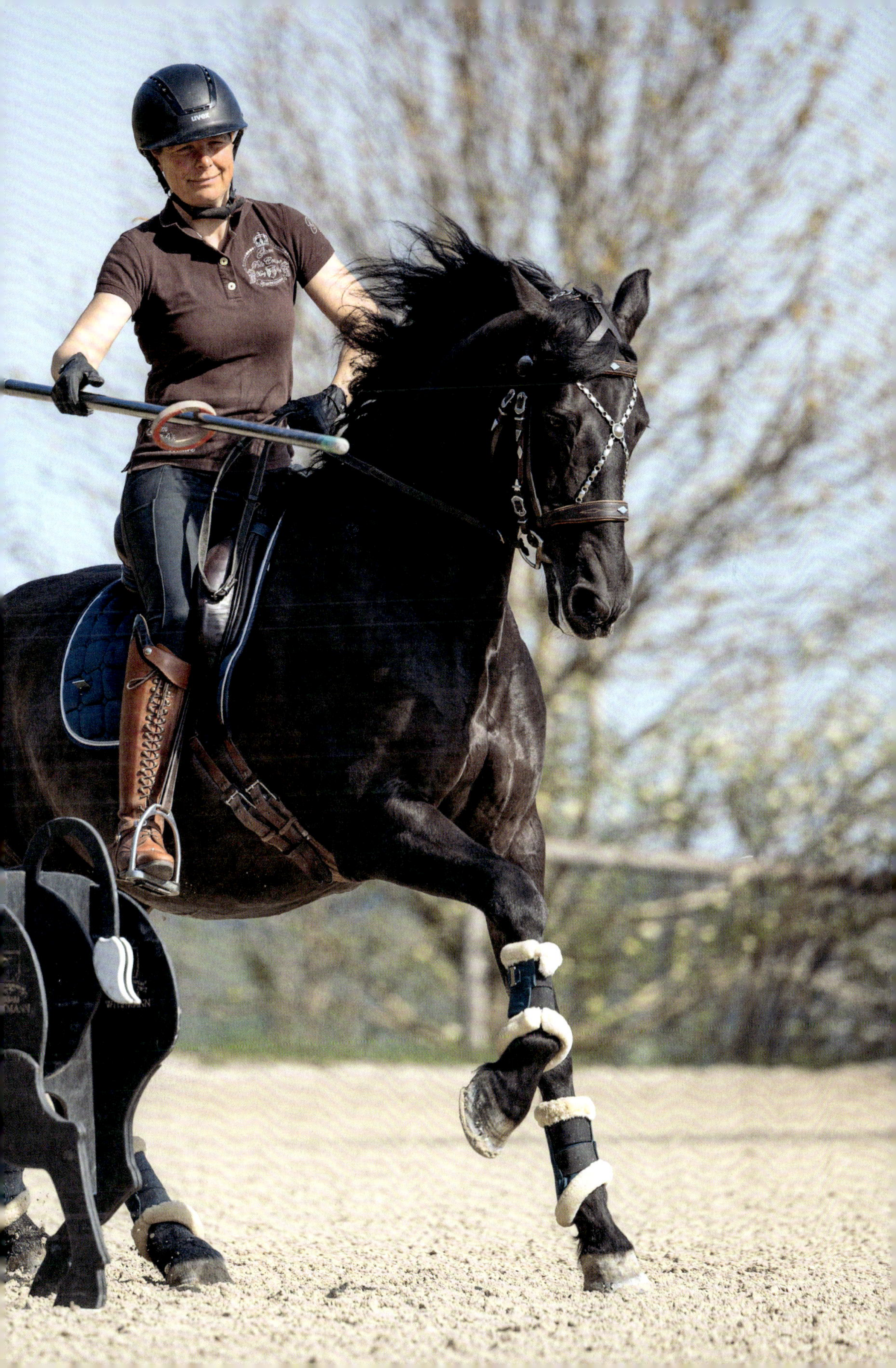

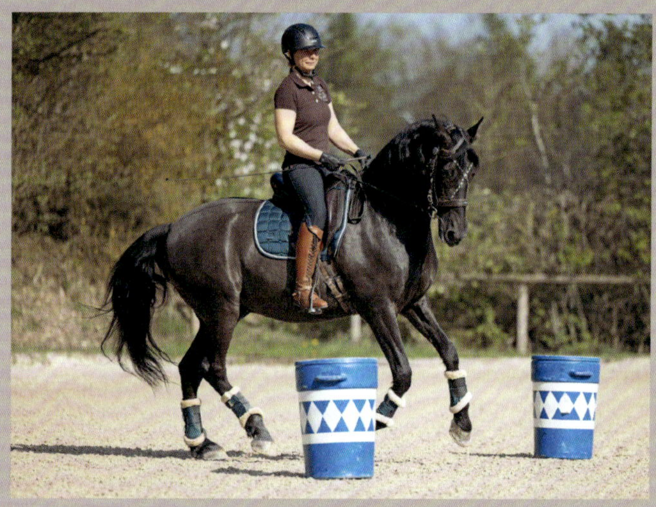

TEAMWORK IST DREAMWORK

Es gibt viele Wege, wie Pferd und Reiter zu einem Team werden – die Working Equitation ist einer der vielseitigsten.

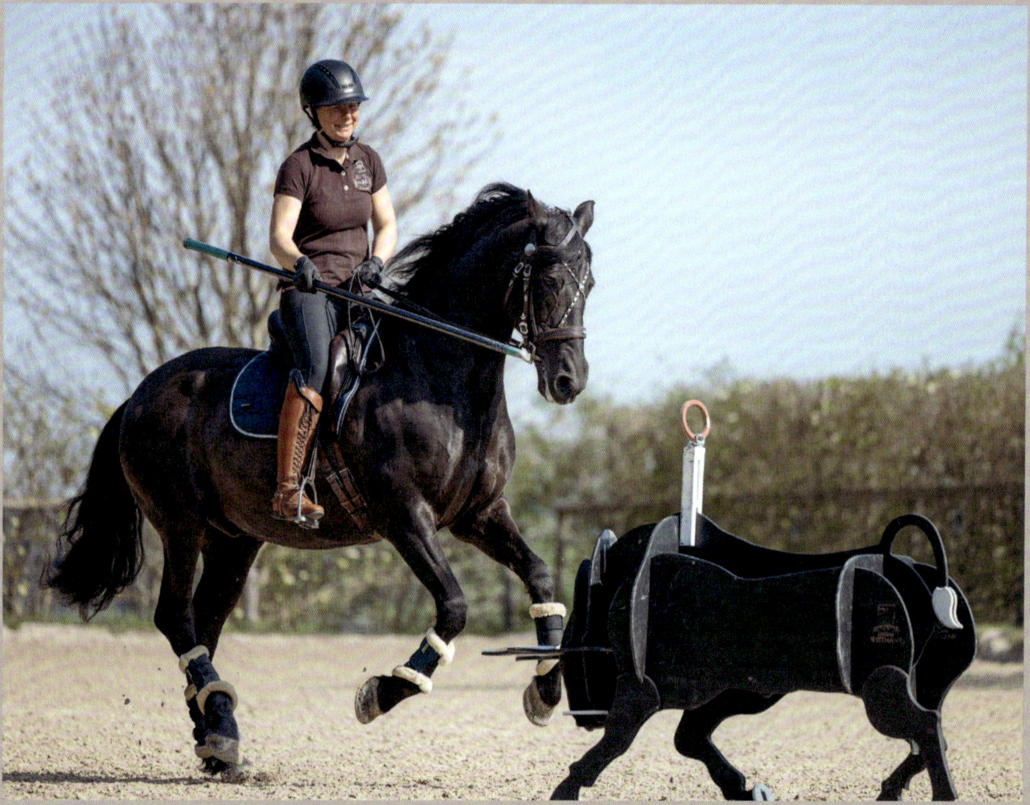

Teamarbeit zwischen Pferd und Mensch

Working Equitation heißt ins Deutsche übersetzt „Arbeitsreitweise". Dieser Ausdruck hat seinen Ursprung im 19. Jahrhundert, als sowohl das Militär als auch die Landwirtschaft auf das Pferd angewiesen waren.

Das Militär nutzte das Pferd im Kampf und setzte auf effiziente Reittechniken, während die Landwirte ein Fortbewegungsmittel benötigten, um das Vieh auf der Weide hüten zu können. So entwickelten sich unterschiedliche Reitstile auf der ganzen Welt, die immer eines zum Ziel hatten: Das Pferd sollte die Arbeit erleichtern.

EINE ARBEITSREITWEISE

Für den militärischen Einsatz brauchte man gehorsame, schnelle und unerschrockene Pferde. Diese Eigenschaften waren im Kampf entscheidend. Mit der Zeit strebte man nach steter Verbesserung der Reittechniken, was zur Gründung militärischer Akademien führte, darunter die Hofreitschulen. Auch heute noch reitet man hier in Uniform. Die sogenannten „Schulsprünge", Lektionen, die dem Schutz des Reiters dienten (Levade) oder als Schlagwaffe (Kapriole) entwickelt wurden, stammen aus dieser Zeit. Die Dressur galt als Training für den Gehorsam des Pferdes. Es war überlebenswichtig, das Tier in allen Situationen beherrschen zu können. Letztendlich

»Die Working Equitation bewahrt die traditionellen Fähigkeiten der Arbeitsreiter und ermöglicht es, die Vielseitigkeit der Pferde zu erleben.«

Judith Gradl-Lackermaier
Richteranwärterin,
erfolgreich bis Klasse M

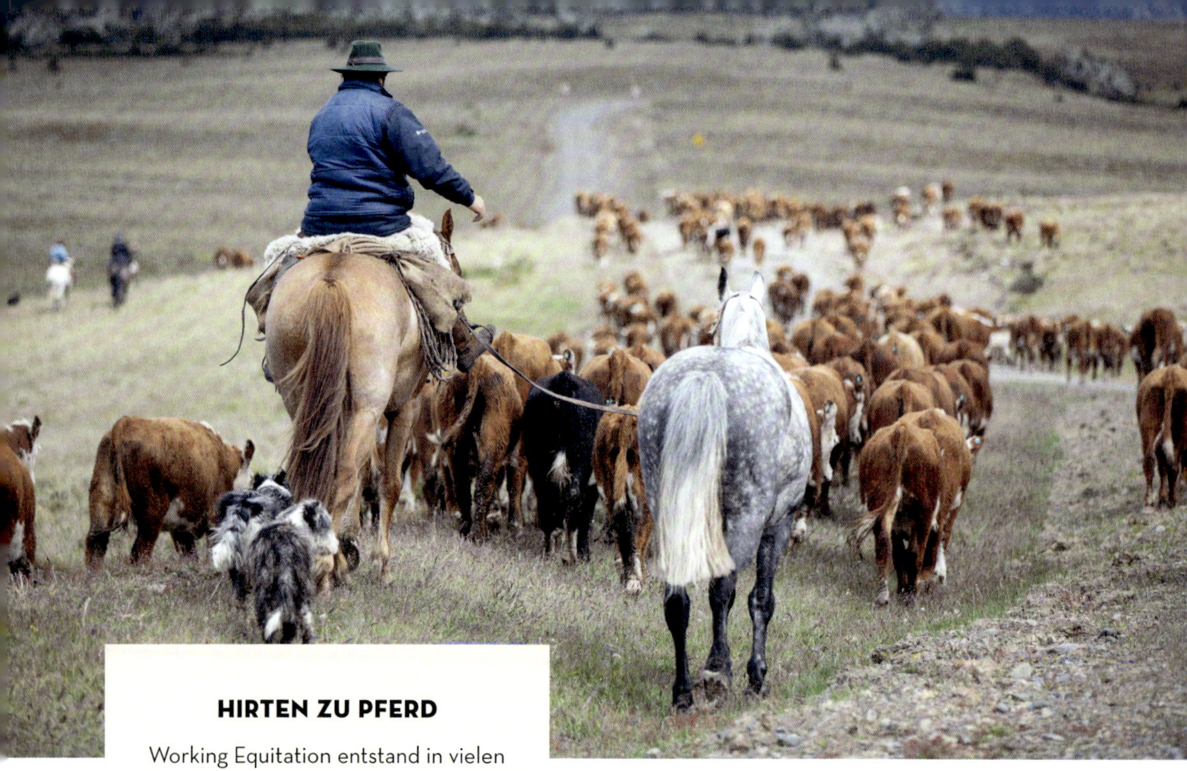

Rinderhirten zu Pferde gibt es heute wie damals.

HIRTEN ZU PFERD

Working Equitation entstand in vielen Ländern unter verschiedenen Namen: „Equitação de Trabalho“ (Portugal), „L’équitation de travail“ (Frankreich/Camargue) oder „La Monta da lavoro“ (Italien).

entstanden aus dieser Art der Ausbildung die Disziplinen Dressurreiten, Springen und Vielseitigkeit (früher dementsprechend auch „Military“ genannt).

Die Bauern nutzten das Pferd als Hilfsmittel für ihre tägliche Arbeit und bildeten es entsprechend aus: Es sollte schnell und wendig am Rind sein, das Treiben der Tiere von Weide zu Weide vereinfachen und möglichst selbstständig arbeiten. In vielen Ländern der Welt entwickelte sich das Rinderhüten zu Pferde: In Frankreich nannte man die berittenen Hirten Gardians, in Spanien Vaqueros, in Südamerika Gauchos. In Nordamerika entstand so das Westernreiten.

Auch diese Art der Reiterei entwickelte sich weiter und es kamen Hilfsmittel hinzu, wie z. B. die Garrocha (auch „Trident“ oder „Pampilho“ genannt), eine Holzstange, die dem Hirten helfen sollte, die Rinder besser zu lenken und zu separieren. Daraus entstand die einhändige Reitweise, denn die sogenannte Arbeitshand wurde benötigt, um die Stange zu halten, ein Lasso zu bedienen oder ein Tor zu öffnen. Über lange Zeit wurde das Reiten weiter verfeinert. Das Bestreben, immer besser zu werden, vereinfachte viele Abläufe. So bekam das Training einen immer größeren Stellenwert und auch der Spaß am spielerischen Vergleich wuchs: Der sportliche Wettkampf nahm seinen Lauf.

Ende des 20. Jahrhunderts entwickelte sich eine Vereinigung von Reitern und Ländern, die die Sportart Working Equitation salonfähig machte. Mitte der 90er-Jahre wurden Wettbewerbe organisiert. In Deutschland fand das erste nationale Turnier Anfang 2008 in Pullman City bei Passau (Bayern) statt. 2004 wurde die WAWE (World Association for Working Equitation) in Portugal gegründet, der deutsche Verband WED besteht seit 2012.

Die im Verhältnis noch junge Sportart fasziniert viele Reiter aus allen Bereichen. Man benötigt nicht unbedingt einen „Spezialisten" unter dem Sattel, kein Dressur- oder Springpferd als Sportpartner. Jeder kann mit seinem Pferd Spaß haben. Sicherlich gibt es Pferderassen, die besser für die Working Equitation geeignet sind als andere, denen manche Anforderungen leichter fallen. Aber es kommt eben nicht nur auf körperliche Qualitäten an, sondern vielmehr auf innere Werte, das gemeinsame Bewältigen von Aufgaben im Pferd-Reiter-Team. Ein Pferd, das nicht aus Vertrauen zu seinem Reiter über eine Brücke geht, kann noch so schöne fliegende Wechsel springen, der sportliche Erfolg ist an einem so vermeintlichen einfachen Hindernis zu Ende.

REITTRADITION

Die Working Equitation vereint die unterschiedlichen Reitweisen, die die einzelnen Länder praktizieren oder praktiziert haben, sowohl in der Landwirtschaft als auch beim Militär. Sie bewahrt nicht nur die Reitweisen jedes Landes, sondern auch die jeweiligen Traditionen, Reitkleidungen, Sättel und Zaumzeuge, die Bestandteil des Kulturgutes jeder Nation sind.

DAS WORKING-PFERD

In vielen Ländern hat sich durch den Anspruch, ein gutes Working-Equitation-Pferd zu züchten, ein wachsender Markt entwickelt. Lusitanos, PREs, Maremmanos oder Criollos sind typische Pferderassen, welche aus langer Arbeitstradition entstanden sind. Aber auch der Haflinger oder das Warmblut, ein Freiberger oder ein Traber können in dieser Sportart glänzen. Sieht man die Working Equitation als Abwechslung zum normalen Reiten, dann ist jedes Pferd ein geeignetes Pferd. Viele Reiter nutzen die Working Equitation, um ihre Pferde gelassener zu machen und sie auf schwierige Situationen besser vorzubereiten. So lassen sich das ruhige Stehenbleiben ebenso fördern wie das Bewältigen dressurlicher Anforderungen. Dressurreiter und -pferde bekommen oft eine andere Idee für das Erarbeiten der Lektionen: Einem Pferd, das in einer Glockengasse Rückwärtsrichten gelernt hat, fällt es leicht, an einer langen Bahnseite eine Pferdelänge rückwärtszugehen. Auch die Idee zum fliegenden Wechsel oder einer wirklich runden Volte ist mit den Hindernissen der Working Equitation viel logischer zu erarbeiten, als wenn die Lektion im freien Raum geübt wird.
Ist der Wunsch vorhanden, sich ein Pferd speziell für diese Sportart zu kaufen, ist es natürlich sinnvoll, nach bestimmten Eigenschaften auszuwählen. Es empfiehlt sich z. B., besonders auf das Interieur zu achten: Ein aufmerksames, nervenstarkes und neugieriges Pferd ist schnell zu begeistern für die vielfältigen Hindernisse. Rittigkeit, Wendigkeit

Die Working Equitation bewahrt die Traditionen der einzelnen Länder.

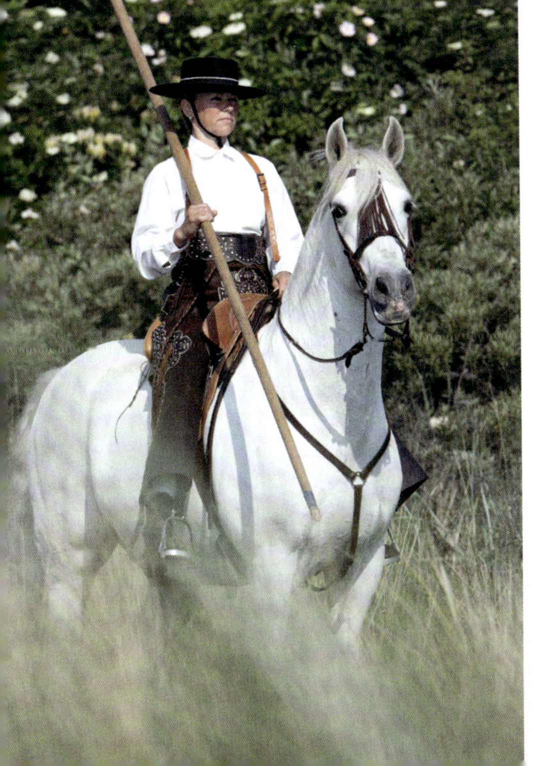

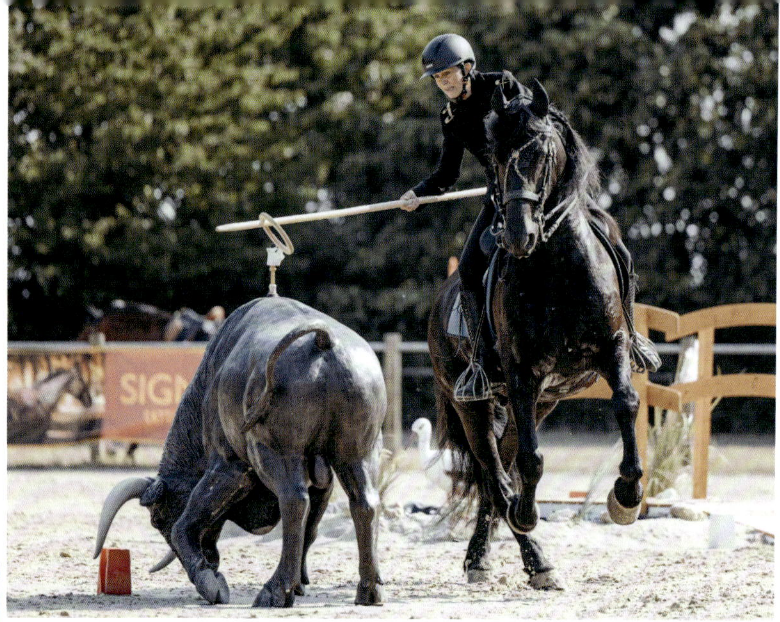

1

1 Rassenvielfalt wird in der Working Equitation großgeschrieben, hier ein Friese.

2 Die Jüngsten stellen sich mit ihren Ponys den verschiedenen Aufgaben.

3 Auch Grand-Prix-Reiterin und Warmblut profitieren von der Working Equitation.

und Versammlungsbereitschaft können von großem Vorteil sein. Allerdings kann man auch vermeintliche Problempferde meist besser „abholen", wenn es für sie Sinn ergibt, eine Volte zu gehen, weil eine Tonne in der Mitte steht …
Das Alter und die Größe des Pferdes spielen nur eine untergeordnete Rolle. Für Kinder sind Ponys genauso geeignet wie größere Pferde, wenn es reiterlich passt. Auch ein Pferd mit 1,80 Meter Stockmaß kann sich gut in einem Trailparcours behaupten, oft werden die „Großen" sehr geschickt im Umgang mit engen Wendungen und schmalen Durchgängen. Ältere Pferde finden Gefallen an der neuen Aufgabe, und die Jungen lernen früh, mit Situationen klarzukommen, werden mutiger und gelassener. Selbst Pferde, die nicht mehr geritten werden können, kann der Besitzer sinnvoll beschäftigen. Es muss nicht immer der Ehrgeiz für ein Turnier vorhanden sein, um mit seinem Pferd Spaß zu haben.

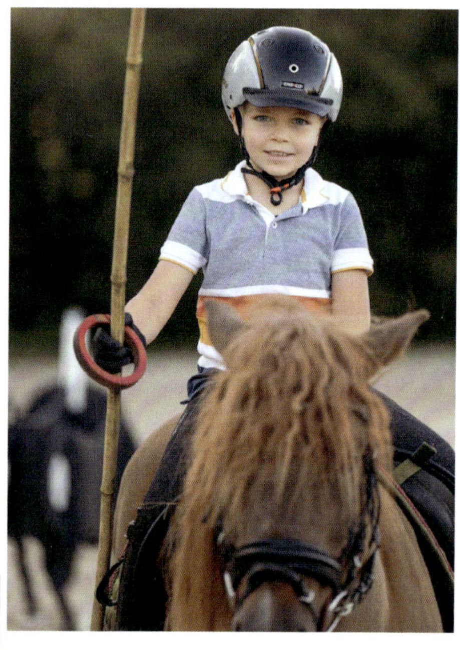

2

KANN ICH DAS AUCH?

Mit Working Equitation kann man schon in jungen Jahren beginnen. Bereits fünfjährige Kinder sind in der Lage, einige Hindernisse zu bewältigen, und mit ein bisschen Hilfe vom Boden aus schaffen sie oft schon mehrere Hindernisse hintereinander. Für die Kleinen unter den Workern werden auch immer wieder Führzügelklassen ausgeschrieben. Die Hindernisse werden der Größe der Reiter angepasst, in der Glockengasse hängt z. B. die Glocke tiefer. Auch gibt es eine kurze Garrocha, die gut in der Kinderhand liegt. Jugendförderung steht im Vordergrund, den Kindern wird der Spaß an der Reiterei vermittelt.

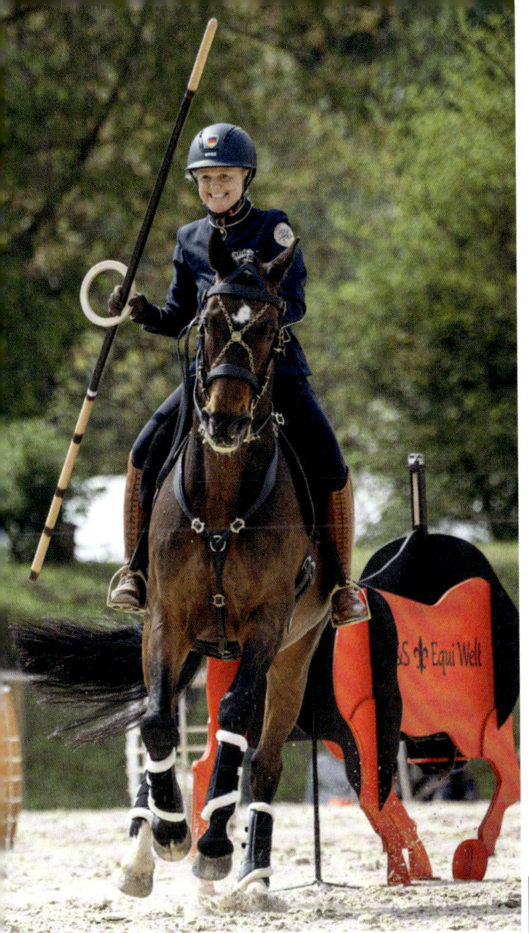

3

Für den ambitionierten Freizeitreiter bietet die Working Equitation eine Vielzahl von Möglichkeiten, das Training abwechslungsreich zu halten, Problemlösungen zu finden, den Gemeinschaftssinn zu verbessern und nicht zuletzt den Spaß an Lektionen zu fördern. Das reiterliche Niveau wird durch das Üben der Aufgaben deutlich angehoben. Das Pferd sollte die vier Grundlektionen der Working Equitation beherrschen: Vorwärts, Rückwärts, Seitwärts und Halten.
Wirklich jeder kann (und sollte) es einfach mal ausprobieren! Es wird sehr schnell klar, wie und warum man durchaus anders an eine Situation herangehen kann, denn der Erfolg stellt sich meist postwendend ein.
Auch schwache und unsichere Reiter, die vielleicht noch am Anfang ihrer Reiterei stehen, profitieren von den Aufgaben der Working Equitation.

DIE AUSRÜSTUNG

Jedes Land hat eine reiterliche Tradition, an die die Ausrüstung des Pferdes oft angepasst ist.
In Amerika wird in der Working Equitation z. B. der Westernsattel verwendet, in Spanien ein Vaquerosattel.
Wer Working Equitation reiten will, muss aber keinesfalls eine neue Ausrüstung kaufen. Es geht genauso mit dem Equipment, das im normalen Alltag verwendet wird, sofern es sicher, funktional, gepflegt und intakt ist. Die klassische Trense und der Sattel sind nicht nur zum Training ausreichend, auch auf dem Turnier sind viele Variationen erlaubt. Hier sollte man allerdings darauf achten, dass die Ausrüstung aufeinander abgestimmt ist: Ein Westernsattel passt nicht zu einer portugiesischen Prunktrense, ein spanischer Sattel nicht zum englischen Zaum. Der Westernsattel muss aber keinesfalls auf einem Quarter Horse liegen. Es sollte immer die Ausrüstung zum Einsatz kommen, mit der sich das Pferd am wohlsten fühlt und die die beste Passform besitzt.

ZÄUMUNGEN UND GEBISSE

Häufig werden Fragen zum Gebiss gestellt: Welches ist ideal, was darf verwendet werden? Hier rate ich immer, das Gebiss zu wählen, mit dem der Reiter und das Pferd am besten klarkommen. Erst wenn die Turnierteilnahme im Raum steht, muss man anhand der Regularien das Beste heraussuchen. In den niedrigen Klassen sind z. B. Hebelgebisse nur bedingt erlaubt. Auch Hilfsmittel wie Ausbinder und Martingal sind in der Working nicht erwünscht und auch nicht unbedingt von Vorteil. Da man es mit festen und beweglichen Hindernissen zu tun hat, ist die Verletzungsgefahr durch Hängenbleiben deutlich höher.

»Die Faszination der Working Equitation liegt in der Vielseitigkeit. Durch die unterschiedlichen Anforderungen werden Teamwork, Geschick, Konzentration und Vertrauen gefördert.«

Nina Thomas
Mitglied des Jugendkaders,
mehrfache Medaillengewinnerin
auf Europameisterschaften

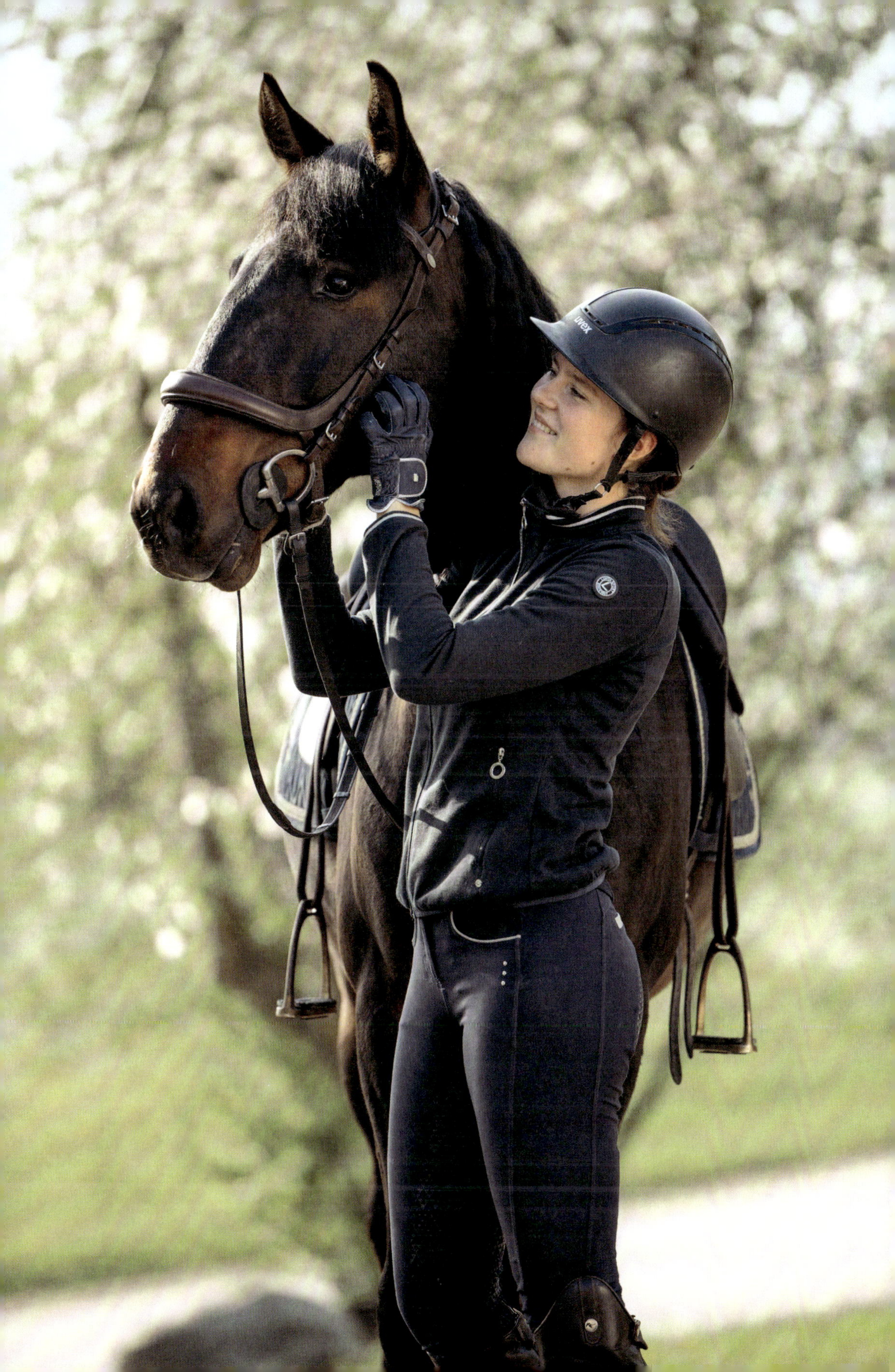
uvex

Die Disziplinen der Working Equitation

Die Working Equitation ist ein Mehrkampf, vergleichbar mit dem Mehrkampf in der Leichtathletik. Dressur und Stiltrail sind in allen Klassen zu absolvieren. Ab der Klasse L kommt der Speedtrail dazu und je nach Ausschreibung des Turnieres auch die Rinderarbeit.

Bis auf die Rinderarbeit sollten alle Disziplinen von Musik begleitet werden, die der Reiter natürlich selbst auswählen oder zusammenstellen darf. Für ein vom Verband anerkanntes Turnier müssen alle Teildisziplinen geritten werden. Zunächst wird meist noch beidhändig geritten, Ziel ist aber stets die einhändige Führung auf Kandare.

DIE DRESSUR

Wie in jeder reiterlichen Sportart ist auch in der Working Equitation die Dressur die Basis der Ausbildung, nur die Zielsetzung ist eine andere: Wir wollen durch die Dressurarbeit ein gehorsames und durchlässiges Pferd bekommen, das fein an den Hilfen steht und die geforderten Lektionen möglichst exakt ausübt.

ANFORDERUNGEN

In den unteren Klassen unterscheiden sich die Anforderungen in den Dressurprüfungen nur wenig zu den „normalen" FN- Dressuraufgaben, allerdings werden manche Lektionen anders geritten. In den höheren Klassen liegen die Schwerpunkte auf der Galopparbeit, da diese Gangart für ein Arbeitspferd elementar ist. Trablektionen werden zwar gezeigt, hier ist der Fokus aber eher auf Versammlung, Seitengängen und Tempiunterschieden.

DER TRAIL

Bei den Traildisziplinen müssen Pferd und Reiter einen Parcours aus unterschiedlichen Trailhindernissen absolvieren. Diese Hindernisse sind der Arbeit auf dem Felde nachempfunden, wie z. B. das Öffnen und Schließen eines Tores, das Überqueren einer Brücke oder das Rückwärtsrichten zwischen Pylonen oder Stangen. Beim Dressurtrail kommt es drauf an, die einzelnen Hindernisse im kontrollierten Tempo mit sauberen Übergängen und korrekten Anforderungen zu reiten. Beim Speedtrail zählt nur die Geschwindigkeit und möglichst keine Fehler an den Hindernissen zu machen.

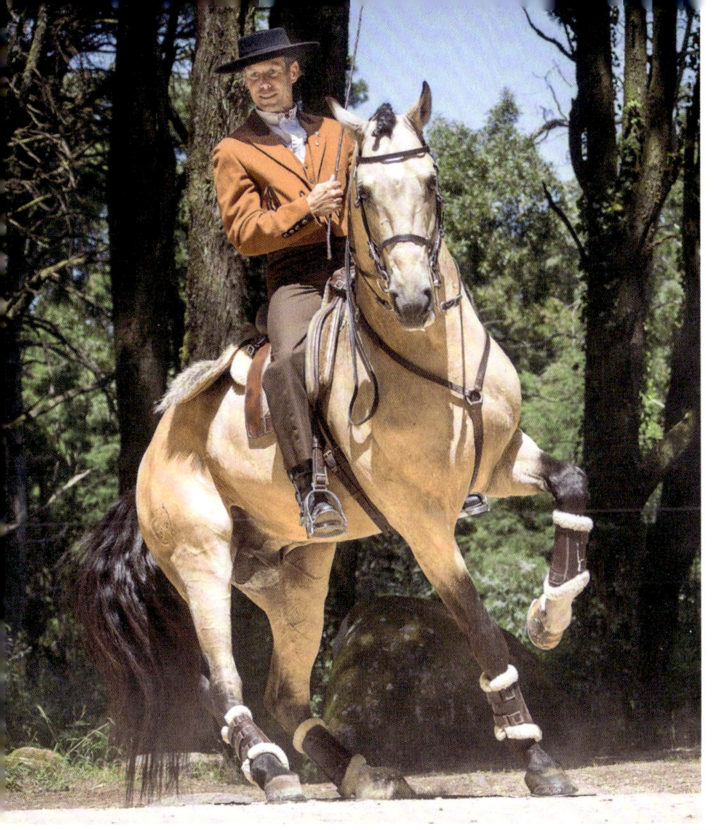

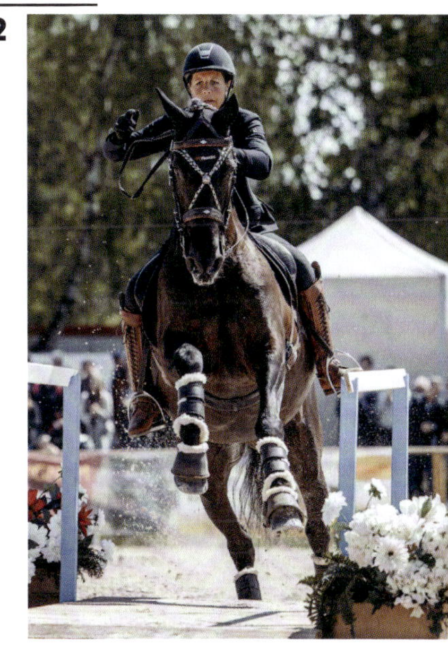

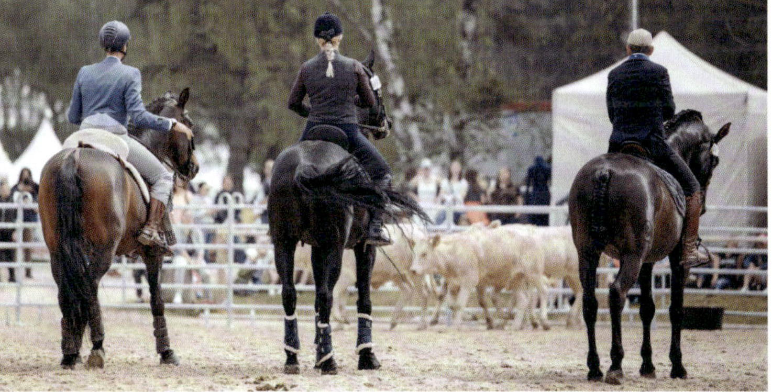

1 Ziel der Dressur in der Working Equitation ist ein fein an den Hilfen stehendes Pferd.

2 Der Speedtrail ist ein Publikumsmagnet.

3 Die Rinderarbeit erfordert Überblick und Teamfähigkeit von Pferd und Reiter.

DIE RINDERARBEIT

Bei der Rinderarbeit geht es darum, ein zugelostes Rind aus einer Herde zu separieren und in einen vorgegebenen Bereich zu treiben. Hier ist vor allem Reaktionsfähigkeit von Pferd und Reiter gefordert, denn es muss in Sekundenschnelle entschieden werden, ob ein Seitengang, ein Sprint oder ein Stopp hilfreich sein kann. Außerdem braucht man für die Rinderarbeit ein rindererfahrenes Pferd. Für diese Teildisziplin ist ein sogenannter Rinderschein nötig, um nachzuweisen, dass Pferd und Reiter wissen, was sie tun. Tierschutzaspekte stehen immer im Vordergrund, auch das Rind darf nicht zu Schaden kommen.

»Mein gekörter Hengst ist das geborene Dressurpferd. Er spulte sein Programm aber nur noch lethargisch ab. Durch die Working Equitation lebte er auf und Motivation und Freude an der Arbeit kehrten zurück – auch in der Dressur.«

Ilona Fleischmann
Erfolgreich bis Klasse WA,
über ihr Pferd Sir Nymphenburg II
(erfolgreich bis Dressur S**)

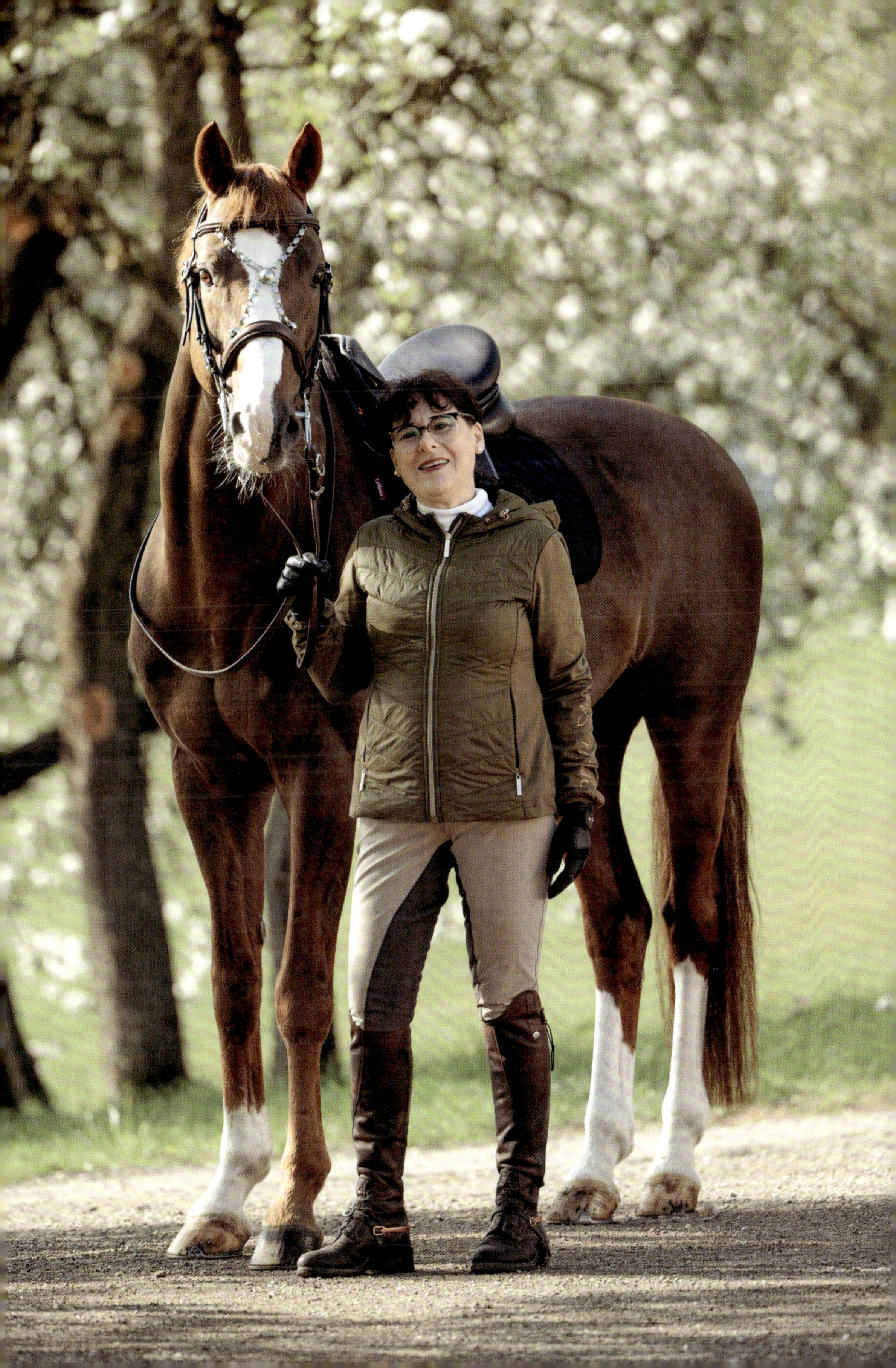

Anforderungen und Leistungsklassen

In der Working Equitation gibt es die Einteilung in fünf Leistungsklassen. Während in der Dressur immer alle Gangarten in allen Klassen gefordert werden, wird der Trailparcours in der Einsteigerklasse nur im Trab geritten, ab der Klasse A auch im Galopp. Ab der Klasse L bis in die Masterclass (WS) sind Schritt und Galopp die geforderten Gangarten in und zwischen den Hindernissen. Ab der Masterclass muss zusätzlich alles einhändig geritten werden.

WE – EINSTEIGERKLASSE

In der Einsteigerklasse werden nur die Disziplinen Dressur und Dressurtrail geritten. Als Einsteigerklassen gibt es den Reiterwettbewerb, die WE und die Führzügelklasse (ein geführter Dressurtrail).

Der Fokus liegt zunächst vor allem auf den Grundgangarten. Vorgegeben sind gerade und gebogene Linien, Volten, Zirkel und Übergänge zwischen den Gangarten und zum Halten. Die Linien sind noch groß und es ist genug Zeit zwischen den einzelnen Aufgaben, um das Pferd gut vorzubereiten.

Die ersten drei Punkte der Ausbildungsskala sind maßgeblich: Takt, Losgelassenheit und eine dem Reitstil entsprechende Anlehnung. Dies bildet das Fundament jeder weiteren höheren Klasse.

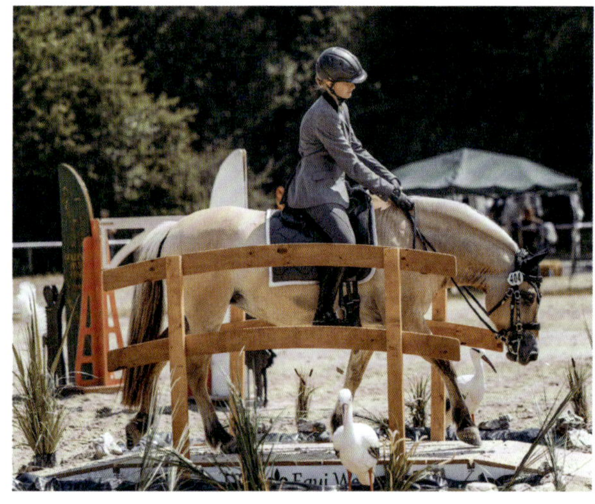

Schon in den Einsteigerklassen wird das Vertrauen zwischen Pferd und Reiter großgeschrieben.

Im Dressurtrail werden die Hindernisse und alle Wege zwischen den Hindernissen im Trab absolviert. Galopp wird nur in der Dressuraufgabe verlangt. Auch hier ist die Ausbildungsskala das Maß aller Dinge.
Der Aufbau ist in der Regel so gestaltet, dass viel Platz zwischen und um die Hindernisse ist, somit können die Linien dem Ausbildungsstand des Reiterpaares entsprechend groß angelegt werden.
In der Working Equitation gilt es, ein positives Heranführen an die Hindernisse zu gewährleisten und das Vertrauen zwischen Pferd und Reiter zu stärken. Daher ist die Wahl der Hindernisse dieser Klasse angepasst. Das Rückwärtsrichten ist im Dressurtrail eines der schwierigeren Elemente.

WA – ANFÄNGERKLASSE

Hier sind ebenfalls nur Dressur und Dressurtrail gefragt. Steigt das Schwierigkeitslevel auf Anfängerniveau, kommen in der Dressuraufgabe die Anforderungen Schenkelweichen, Vorhandwendungen und Tempiunterschiede innerhalb einer Gangart dazu. Das Schenkelweichen wird im Dressurtrail für Hindernisse wie Sidepass oder die Vorhandwendung beim Tor benötigt. Das Rückwärtsrichten ist nicht nur im Trail, sondern auch in der Dressuraufgabe nötig.

2

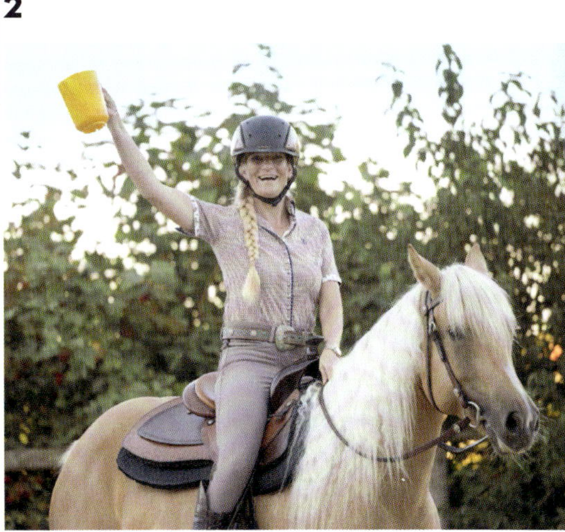

1

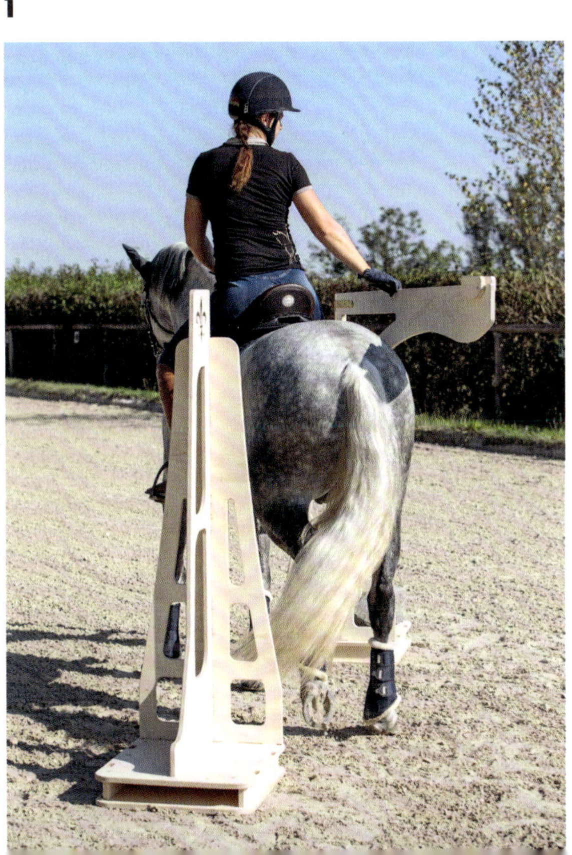

1 Das Tor ist für so manches Paar eine Herausforderung im Trail.

2 Die Freude über gemeisterte Aufgaben ist immer groß.

FUNKTIONALITÄT

Bei den Tempiunterschieden legt die Working Equitation keinen Wert darauf, ob ein Pferd aufgrund seines Exterieurs Mitteltrab hat, sondern es geht nur um das Tritte verlängern (bis in die schwere Klasse). Wichtig ist, dass eine dem Exterieur entsprechende Rahmenerweiterung zu erkennen ist. Warum? Weil bei der Arbeit im Feld nur die Funktionalität der Lektion zählt.

Zwischen den Dressurtrail-Hindernissen muss nun galoppiert werden, die Übergänge dürfen noch über den Trab erfolgen, auch Schritt ist möglich. Vereinzelte Hindernisse können noch im Trab absolviert werden.

WL – LEICHTE KLASSE

In der leichten Klasse reitet man nun auch die Teilprüfungen Speedtrail und Rinderarbeit.
Ab diesem Level wird dem Pferd deutlich mehr Balance abverlangt, was bereits in der Dressurprüfung abgefragt wird.
Jetzt ist versammeltes Tempo gefordert und die Übergänge sind schneller und noch exakter zu reiten. Im Galopp kommt der einfache Wechsel hinzu. Auch Schenkelweichen im Trab und Kurzkehrt sind neue Aufgaben dieser Klasse. Die Übergänge im Dressurtrail sollten nur noch über den Schritt erfolgen und klar erkennbar sein.
Die Anforderungen der Hindernisse steigen nun sichtlich an: Es sind die Glockengasse mit Winkel, der Sidepass in beiden Richtungen, das Reiten mit der Garrocha und auch das Ringstechen im Galopp zu absolvieren. Wahlweise kann man sogar schon den fliegenden Wechsel im Dressurtrail einbauen. Das soll den Reitern mit Perspektive auf die Klasse WM erleichtern, die Wechsel zunächst noch mit den großen Abständen ausführen zu können.
Auch das einhändige Reiten ist ein wichtiges Element der Dressur und sollte von Anfang an berücksichtigt und geübt werden, da der „Stier" schon ab der Einsteigerklasse im Dressurtrail eingebaut sein kann.

WM –MITTELSCHWERE KLASSE

In der mittelschweren Klasse WM steigen die Anforderungen in der Dressur: Die Abfolge der geforderten Elemente folgt schneller aufeinander, die Linienführung für die Verstärkungen im Galopp sind gerade und gebogen und der fliegende Wechsel ist zwingend zu reiten. Im Dressurtrail sind die Abstände der Tonnen oder Pylonen deutlich enger, die Linienführung wird dadurch schwieriger.

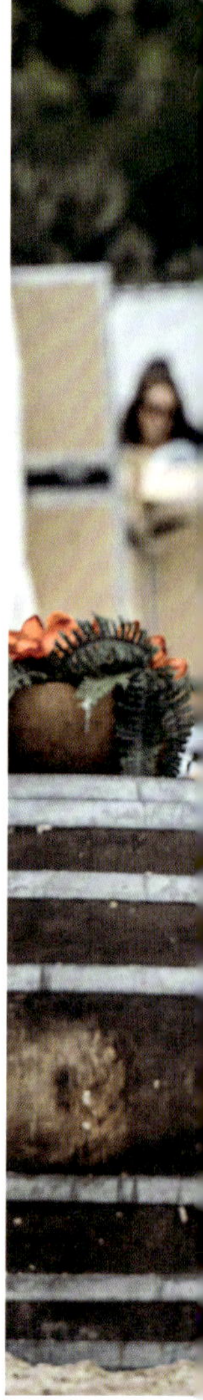

Manchmal sind auch Hindernisse mit der Garrocha in der Hand zu absolvieren.

WS – MASTERCLASS

Die Königsklasse der Working Equitation ist die sogenannte Masterclass oder WS. In der Dressur wird der Schwierigkeitsgrad im Galopp erhöht, da in dieser Gangart auch der Schwerpunkt des Dressurtrails liegt. Elemente wie die Galopppirouette und schnell aufeinanderfolgende Tempiunterschiede zeichnen diese Klasse ebenso aus wie die einhändige Zügelführung in allen Disziplinen. Im Dressurtrail ist die Zügelführung der einzige Unterschied zur WM.

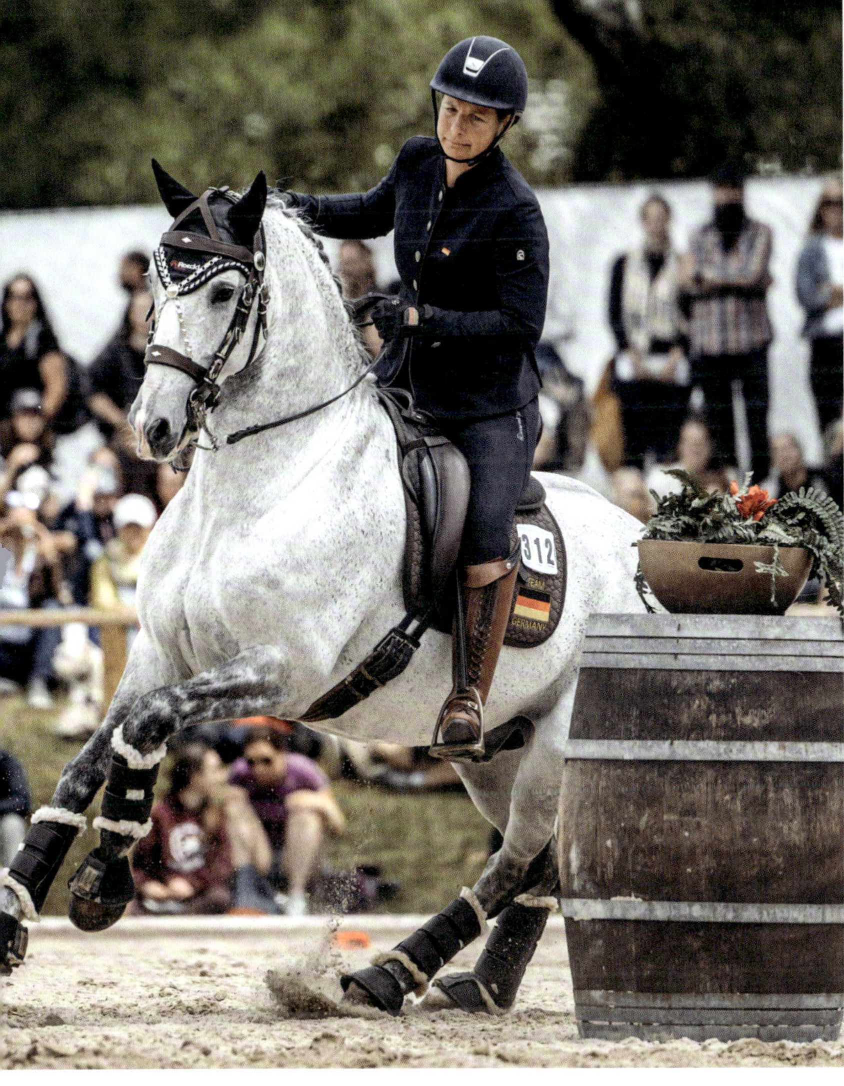

Die schwere Klasse hat ihren Namen nicht umsonst: Die Masterclass ist eine Herausforderung für jeden Reiter und nicht immer erreichbar.

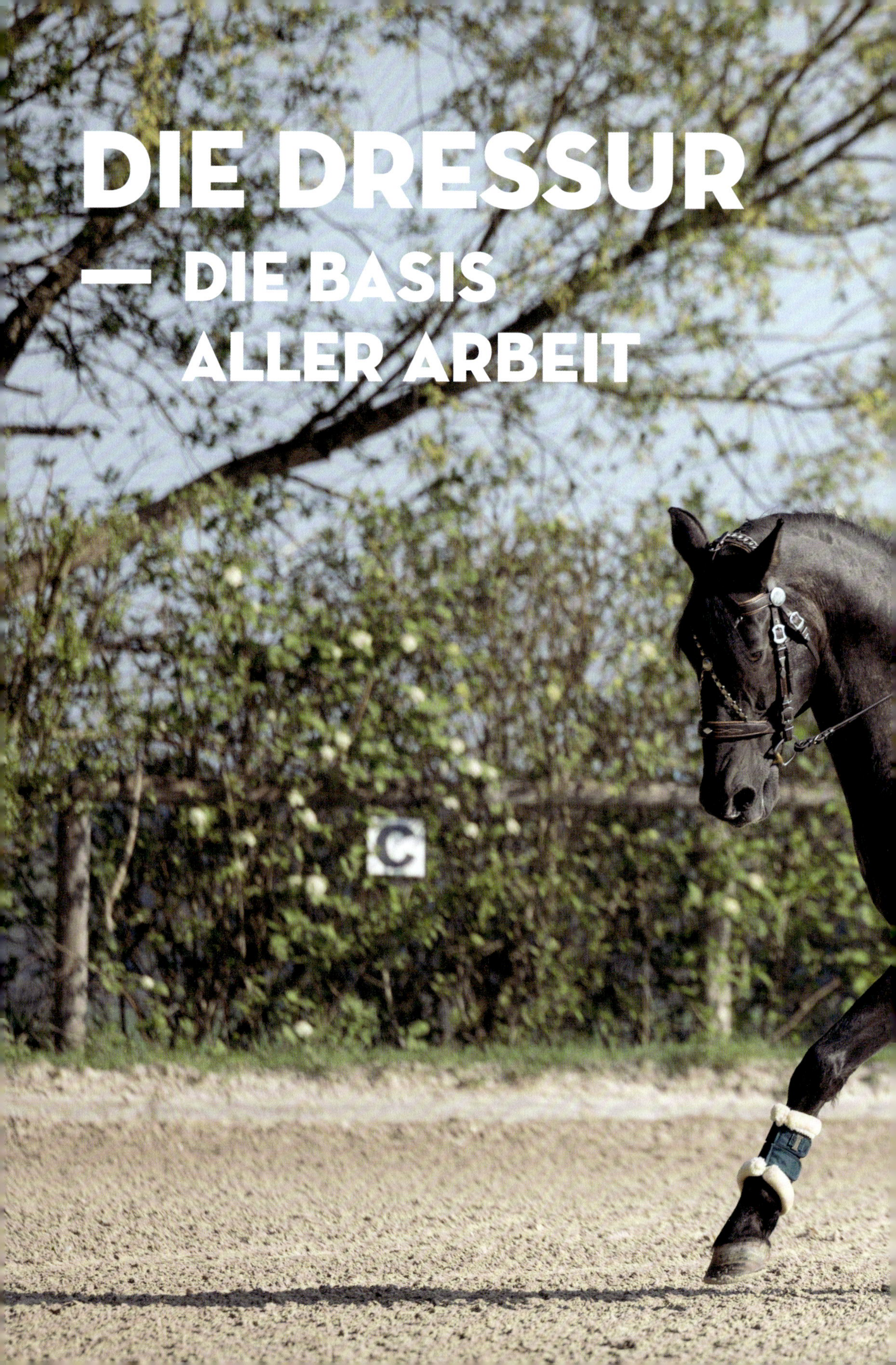

DIE DRESSUR

— DIE BASIS ALLER ARBEIT

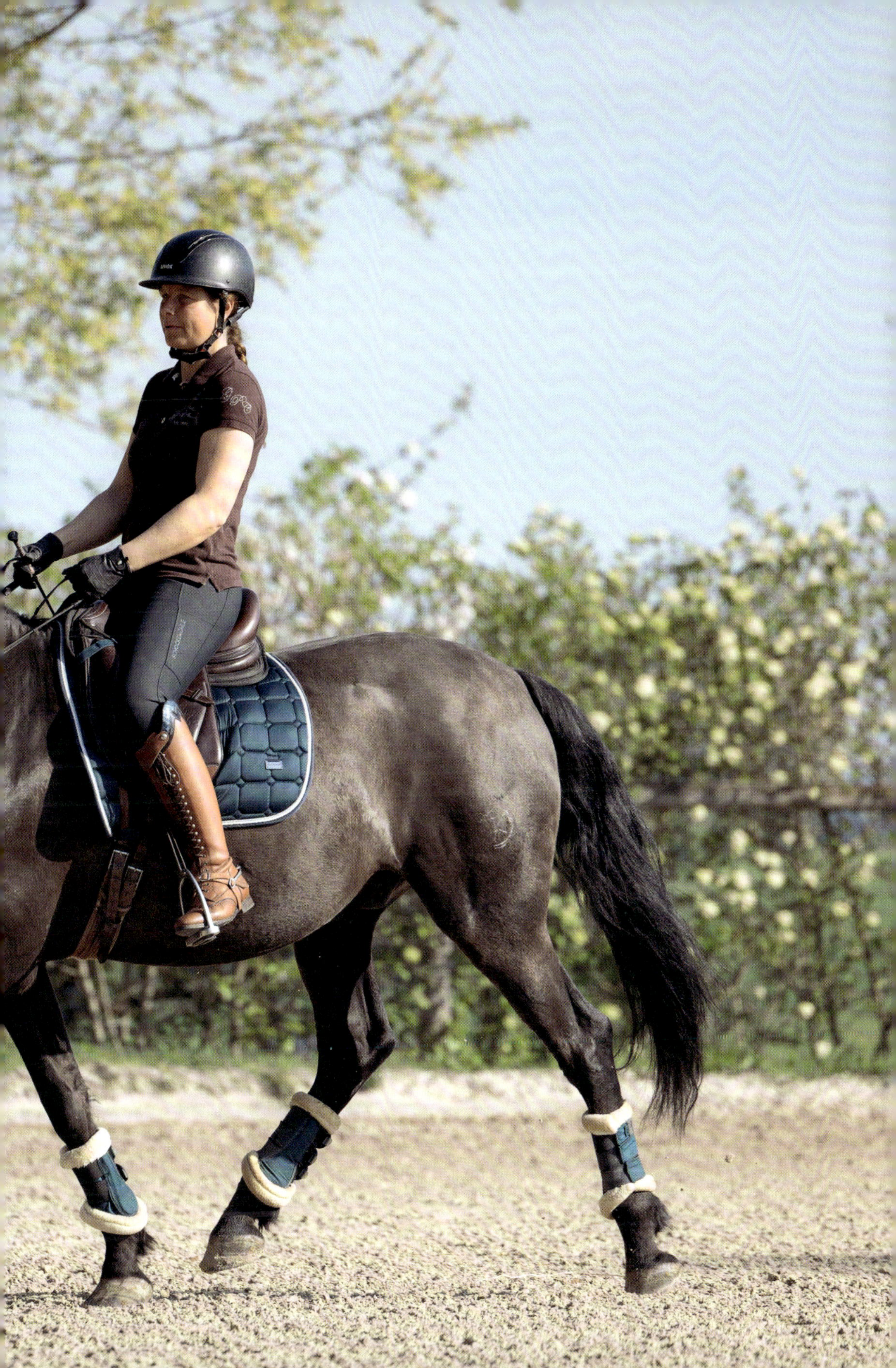

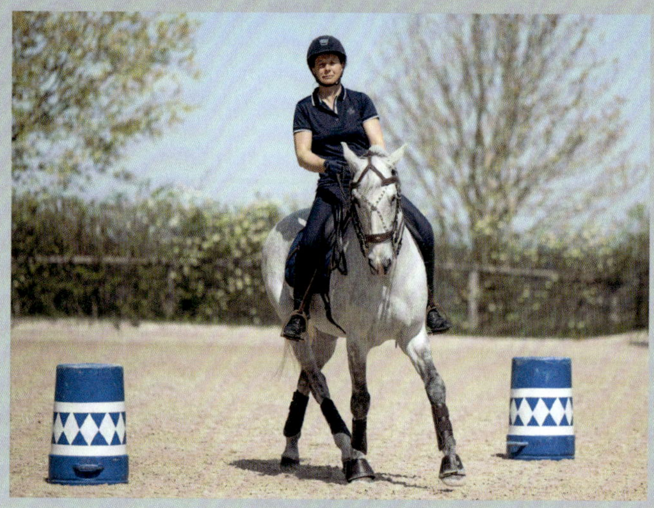

DRESSUR IST NICHT GLEICH DRESSUR

Die Dressur in der Working Equitation ist ein Abfragen von trail- und rinderrelevanten Manövern – keine Abfolge von Lektionen und Verstärkungen.

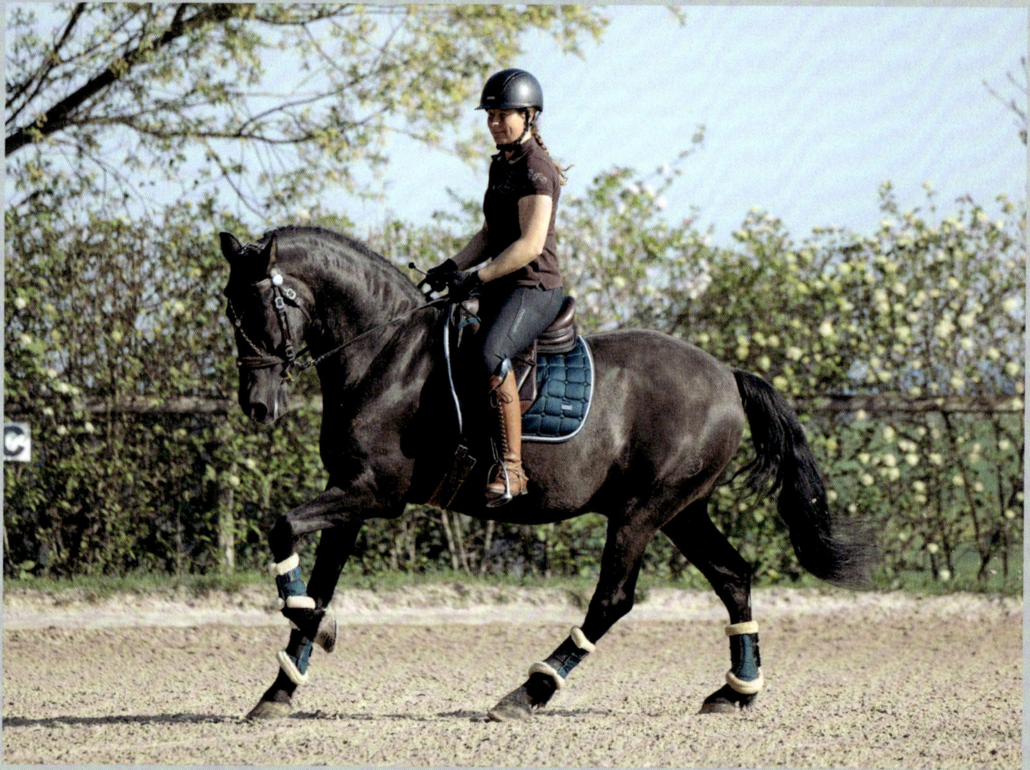

Besonderheiten der Working-Equitation-Dressur

Jegliches Reiten basiert auf der Dressur, die meisten Menschen assoziieren damit aber den schicken Warmblüter und einen Reiter im Frack. Dabei ist der Begriff Dressur einfach ein Überbegriff, der zum Ausdruck bringen soll, dass der Mensch die natürlichen Bewegungsabläufe des Pferdes abrufen kann.

Tipp

Die Dressur ist eine Möglichkeit, die benötigten Manöver zu üben, ohne sie direkt am Objekt einzusetzen.

Das Pferd zeigt natürlicherweise auch Bewegungen wie Piaffe, Pirouette und starken Galopp, freiwillig und ohne Reiter. Das sieht man z. B. auf der Koppel, wenn es imponieren möchte oder aufgeregt ist, es eine Wendung im Galopp macht, weil es vor etwas ausweicht oder möglichst schnell von einem Ende der Weide zum anderen kommen möchte. Es liegt am Reiter, das Pferd so zu „dressieren", dass diese verschiedenen Bewegungen auf Kommando abrufbar sind. Das kann viele Gesichter haben. Über die Jahrhunderte haben sich verschiedene Formen der Dressur entwickelt, je nach ihrem Gebrauch, z. B. die Klassische Dressur für das Militär oder die Reining beim Westernreiten. In der Reining beispielsweise sind die Elemente der Rinderarbeit noch deutlich zu erkennen.

WAS IST ANDERS?

Die Dressur ist im Sinne der klassischen Ausbildung und Ausbildungsskala die Basis jeglichen guten Reitens. Alle Teildisziplinen der Working Equitation fragen die entsprechenden Grundlagen ab, die Anforderung an die Dressur ist klar die Arbeit am Rind. Das Pferd soll die gefragten Lektionen möglichst korrekt ausführen und dabei immer entspannt und aufmerksam mit seinem Reiter kommunizierten.

Die zu reitenden Linien und Lektionen sind der Funktionalität der Arbeit im Feld angepasst und steigern sich wie schon beschrieben von der Einsteigerklasse bis hin zur schweren Klasse. Hier steht klar der Gehorsam des Pferdes im Vordergrund, weit vor Grundgangarten.

»Für mich als Richterin ist in der Working Equitation die Teamarbeit von Pferd und Reiter bezeichnend. Hier geht es um die Bereitschaft zur Zusammenarbeit, um Präzision.«

Nicole Kramer
Internationale Richterin des WED und der FITE

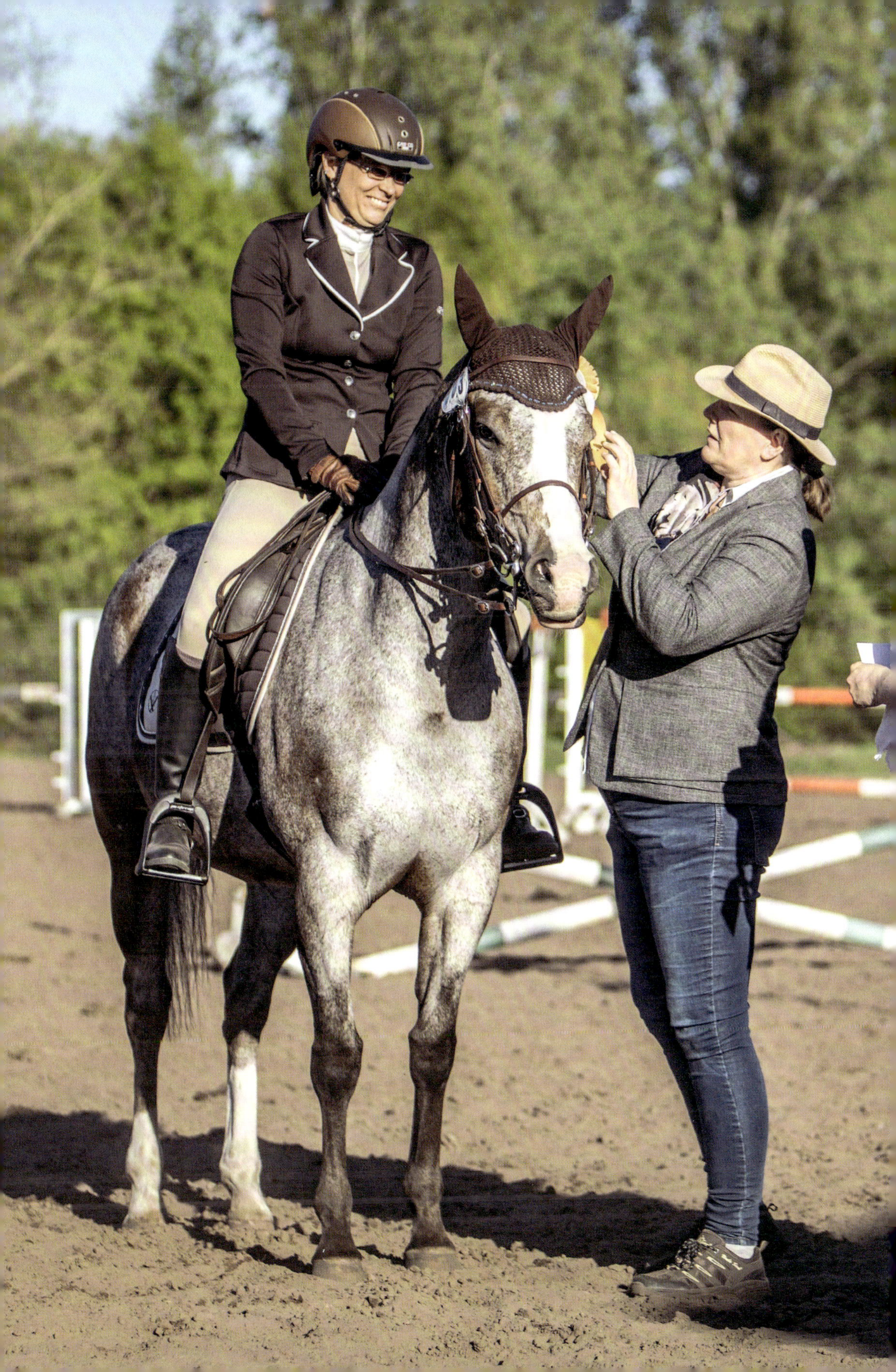

Die Ausbildungsskala in der Working Equitation

Die Punkte der klassischen Ausbildungsskala sind Takt, Losgelassenheit, Anlehnung, Schwung, Geraderichtung und Versammlung. Die ersten drei Punkte sind der Grundbaustein für alle Disziplinen der Working Equitation, die weiteren drei entwickeln sich, je mehr man an den Hindernissen trainiert.

Die Definition der einzelnen Punkte wird in der Working Equitation teilweise etwas weiter, offener ausgelegt, als es üblich ist. Auch ist die Reihenfolge je nach Anforderung der Aufgabe und den körperlichen Möglichkeiten des Pferdes nicht starr vorgegeben, sondern variabel.

TAKT

Gewünscht ist ein reiner Takt in allen Gangarten. Das Pferd soll Schritte, Tritte und Sprünge im gleichen zeitlichen und räumlichen Abstand und Raumgriff zeigen. Dieser Bewegungsrhythmus muss in allen Wendungen auf gebogenen und geraden Linien gleichmäßig bleiben. Dabei ist es unerheblich, ob das Pferd in der Dressuraufgabe ist oder im Dressurtrail in bzw. zwischen den Hindernissen.

TAKT IN DEN GANGARTEN

Schritt:
Viertakt – gleichseitig, aber nicht gleichzeitig

Trab:
Zweitakt – diagonal gleichzeitig

Galopp:
Dreitakt – die inneren Beine greifen weiter nach vorn als die äußeren

Rückwärtsrichten:
Diagonaler Zweitakt ohne Schwebephase

LOSGELASSENHEIT

Die Losgelassenheit ist der wichtigste Baustein einer pferdegerechten Ausbildung. Nur ein losgelassenes Pferd kann richtig lernen und bleibt gesund. Dabei sind körperliche und mentale Losgelassenheit gleichzustellen: Die körperliche Losgelassenheit ermöglicht es dem Körper, seine Grundform zu verändern, sodass eine Weiterentwicklung z. B. zur Versammlung möglich wird. Die geistige Losgelassenheit lässt das Pferd lernen, auf Signale und Hilfengebung fein und schnell zu reagieren. Ist einer dieser Punkte nicht gegeben, wird die Entwicklung in der Ausbildung des Pferdes gestört, es kann zu dauerhaften Problemen kommen. Deutliche Zeichen dafür sind z. B. Taktunreinheiten, Unruhe oder auch Widersetzlichkeit.

ANLEHNUNG

Die Auffassung bezüglich der Anlehnung weicht durchaus von der allgemeinen Sichtweise der Reiterei ab. Gerade in der Working Equitation gibt es große Unterschiede, welche reiterliche Ausbildung mitgebracht wird. Die Anlehnung hier ist klar so zu sehen, dass das Pferd sich an den Zügel lehnt! Das gilt auch für die im Westernsport übliche Zügelführung des Slacks, hier hängt der Zügel fast durch. Das Pferd soll durch den leichten Kontakt so eingerahmt sein, dass es die Lektionen optimal ausführt. Deshalb sieht man in der Working Equitation eher Pferde mit offener Genickhaltung und auf keinen Fall ein eingerolltes Pferd.

SCHWUNG

Der Begriff Schwung ist in der Working Equitation eher als eine Aktivierung der Hinterhand zu sehen. Das Working-Pferd braucht eine aktive, unter den Schwerpunkt tretende, springende und lastaufnehmende Hinterhand, die es ermöglicht, Kraft und Schub auch auf kleinstem Raum zu entfalten. Nur so kann das Pferd enge Wendungen, Stopps und Sprints ausführen und dabei den Reiter ausbalanciert tragen. Ein vermehrt schwingender Rücken und raumgreifende Tritte sind die Folge.

GERADERICHTEN

Geraderichten reicht in der Working Equitation nicht, hier muss weitergedacht werden: Ein Working-Pferd braucht eine Balance in alle Richtungen, um Manöver sicher und korrekt ausüben zu können. Daher ist nicht nur die natürliche Schiefe zu verbessern, sondern auch das Gleichgewicht des Pferdes im Vorwärts, Rückwärts und Seitwärts in gerader und gebogener Haltung. Das ist wichtig für die Gesunderhaltung des Pferdes, denn ein Ungleichgewicht kann zur einseitigen Belastung von Muskeln, Sehnen und Bändern führen.

VERSAMMLUNG

Aus all diesen Punkten entwickelt das Pferd eine natürliche Versammlung, die nicht erzwungen worden ist. Eine zu stark treibende Schenkelhilfe in eine feste Zügelhand hinein bringt keine ehrliche Versammlung, sondern nur eine optische. Da in der Working Equitation viele enge Wendungen geritten werden, muss die Versammlung eine über den angehobenen Widerrist erhabene, nach oben hin gewölbte Form bilden, denn sonst ist der Rahmen des Trittes oder Sprunges nicht über wenig Boden möglich, das Pferd bricht aus oder fällt aus.

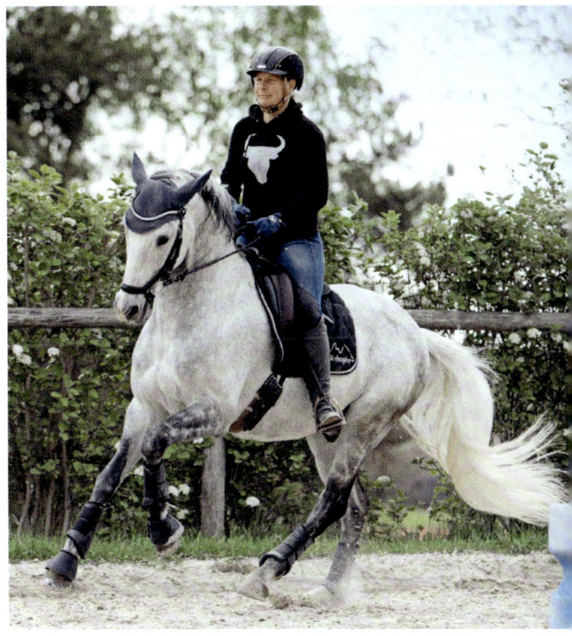

Takt, Losgelassenheit und Anlehnung sind das Gerüst jeder Reitweise.

FERNZIEL

Das Ausbildungsziel in der Working Equitation ist es, langfristig ein Pferd zu haben, das einhändig, mit leichtestem Zügelkontakt und minimalsten Hilfen alle vier Disziplinen mit Freude und Spaß absolvieren kann.

DRESSURAUFGABEN

Die Aufgaben der einzelnen Klassen sind auf der Internetseite des Vereins WE Deutschland veröffentlicht und gelten immer für das aktuelle Jahr. Gibt es Änderungen in den Aufgaben, dann findet man an dieser Stelle immer die neueste Version, die beim Turnier dann auch zu reiten ist. So wird es auch in anderen Ländern gehandhabt.

Es gibt pro Klasse gelegentlich zwei verschiedene Aufgaben, die im Vorfeld in der Ausschreibung genau benannt werden. Es ist vorgegeben, an welchen Bahnpunkten und in welcher Reihenfolge die Lektionen zu reiten sind. Die Aufgaben sind logisch aufgebaut und beim Durchreiten entsteht eine klare Linie durch alle benötigten Lektionen der Klasse, angepasst an den Schwierigkeitsgrad.

Die Bewertung

Der Hauptrichter sitzt immer beim Buchstaben C, wenn es mehr als einen Richter gibt, kann der zweite auch an der langen Seite sitzen oder ein paar Meter neben dem Hauptrichter an der kurzen Seite. Bei nur einem Hauptrichter führt dieser das Protokoll, in dem die einzelnen Lektionen in der korrekten Reihenfolge aufgelistet sind. Bei mehr als einem Richter führt jeder ein eigenes Protokoll, in dem die Punkte für die einzelnen Lektionen aufgeschrieben werden, zusätzlich ist eine Spalte für Kommentare vorhanden. Nach dem Turnier kann sich der Reiter dieses Protokoll in der Meldestelle abholen und dort anhand der Punkte und Kommentare sehen, wie die Bewertung entstanden ist. Die Kommentare sind hilfreich bei der Verbesserung von einzelnen Aufgaben, hier wird sowohl positives als auch negatives Feedback vermerkt.

Am Ende der Aufgabe gibt es eine weitere Bewertung: Die sogenannten Fußnoten decken das allgemeine Erscheinungsbild des Pferd-Reiter-Paares ab.

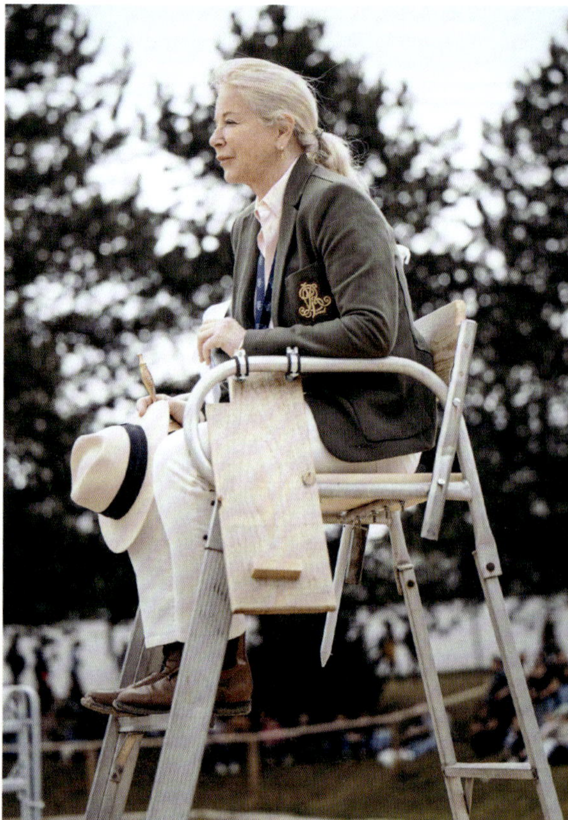

Das Viereck für die Working Equitation ist 20 x 40 Meter, die Bahnpunkte dienen bei der Linienführung als Anhalts- und Orientierungspunkte.

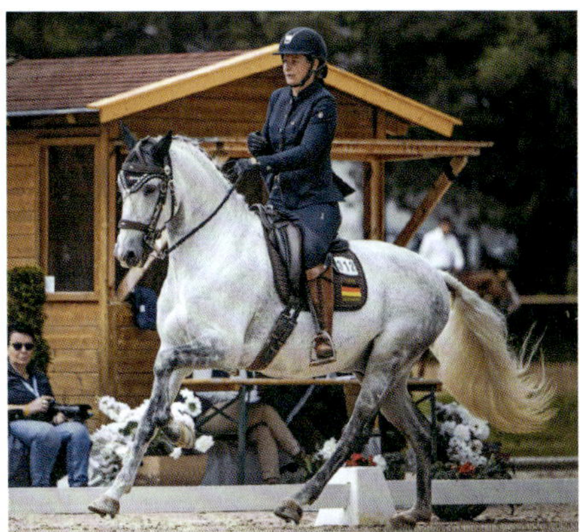

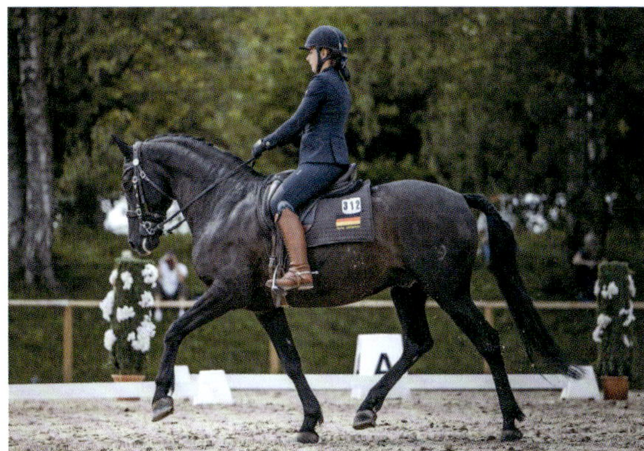

Reinheit der Gänge und Regelmäßigkeit der Bewegung des Pferdes	Hier ist das Gleichmaß des Taktes im Rahmen des Exterieurs gefragt. Gewünscht wird ein lockerer Takt in allen Grundgangarten mit einem losgelassenen Pferd.
Gehorsam und Annehmen der Hilfen, Aufmerksamkeit und Vertrauen gegenüber dem Reiter	Wenn ein Pferd einen zufriedenen Eindruck macht, vertrauensvoll alle Lektionen mit leichten Hilfen ausübt, gibt das eine hohe Punktzahl.
Sitz und Einwirkung des Reiters	Auch der Reiter wird bewertet, ob sein Tun den verschiedenen Situationen und Aufgaben angepasst ist.
Korrektheit der Hufschlagfiguren	Die Linienführung ist ein sehr wichtiger Grundbaustein der Working Equitation, da die Genauigkeit der Linien maßgeblich dafür ist, ob eine Übung gut gelingt oder nicht. Für eine Arbeitsreitweise bedeutet das, dass kontrolliert werden kann, wohin sich das Rind bewegt.
Präsentation oder künstlerische Note	Hier fließen sowohl der Umgang mit dem Pferd (z. B. in schwierigen Situationen) ein als auch das optische Auftreten (Kleidung, Aufmachung) des Pferd-Reiter-Paares, ebenso die Wahl der Musik und die Kreativität der Ausführung. Diese Note bewertet das Erscheinungsbild in Bezug auf den ganzen Ritt.

Einige dieser Fußnoten können doppelt gezählt werden, da sie von ihrer Gewichtigkeit hervorzuheben sind. Hier hat der Richter die Möglichkeit, grundlegende Probleme, aber auch herausragende Stärken des Paares zu bewerten und zu kommentieren.

DER TRAIL – TYPISCHE HINDERNISSE MEISTERN

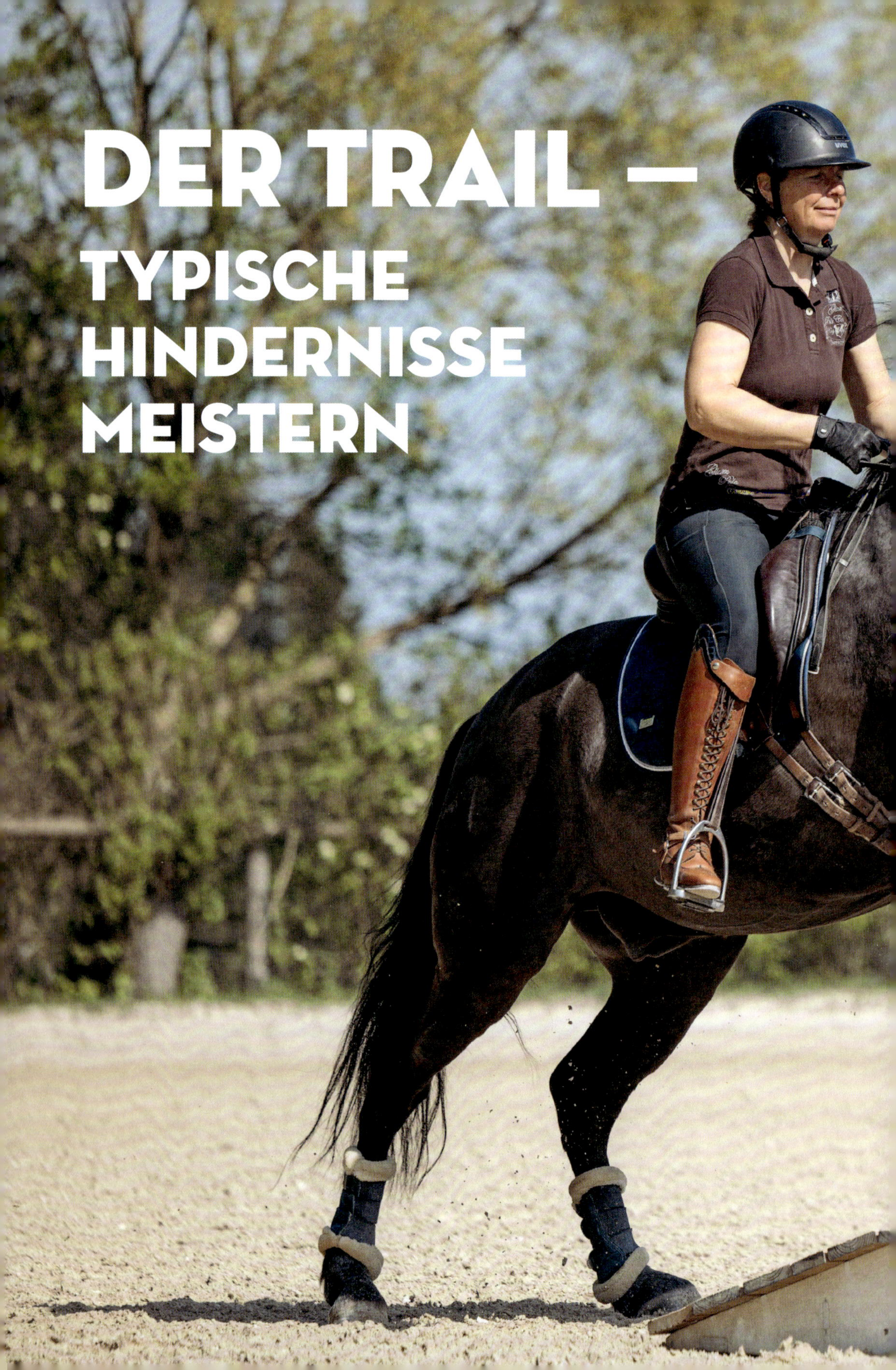

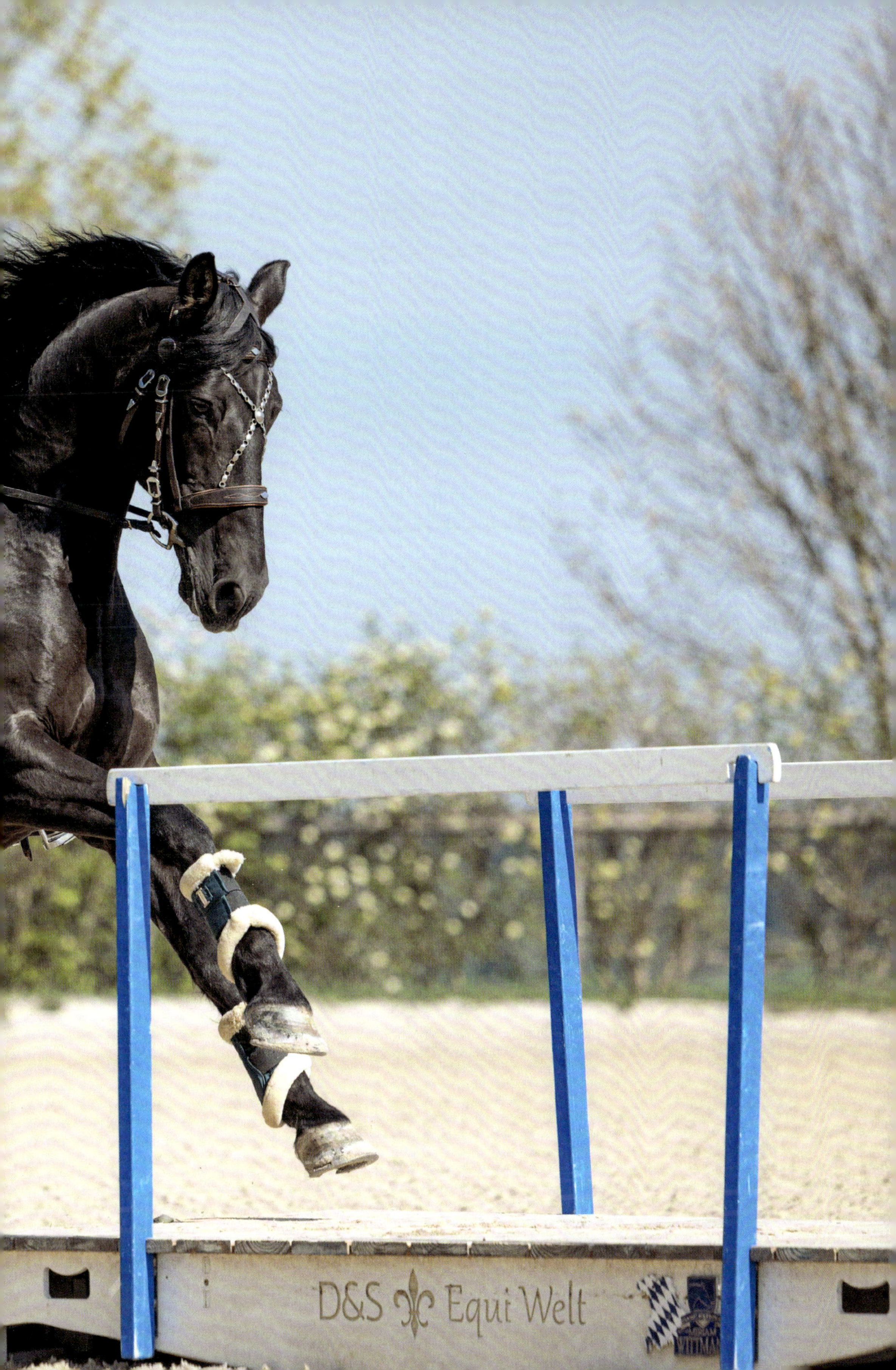
D&S Equi Welt

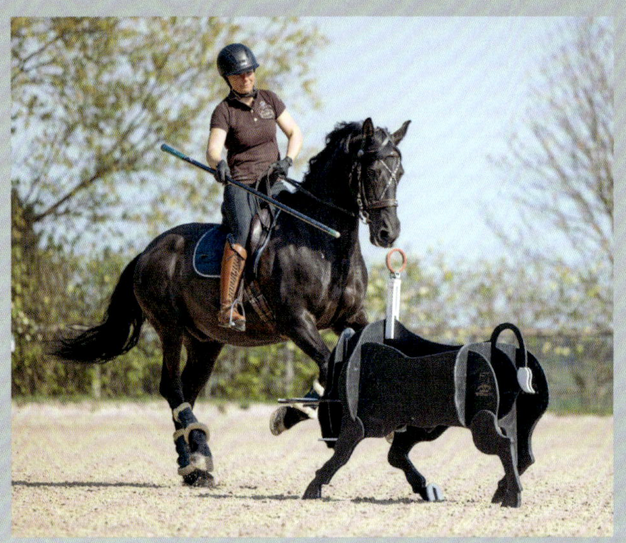

TRAIL – TYPISCHE TEILDISZIPLIN

Ob Stil- oder Speedtrail: Die Seele und Charakterdisziplin der Working Equitation ist der Hindernisparcours.

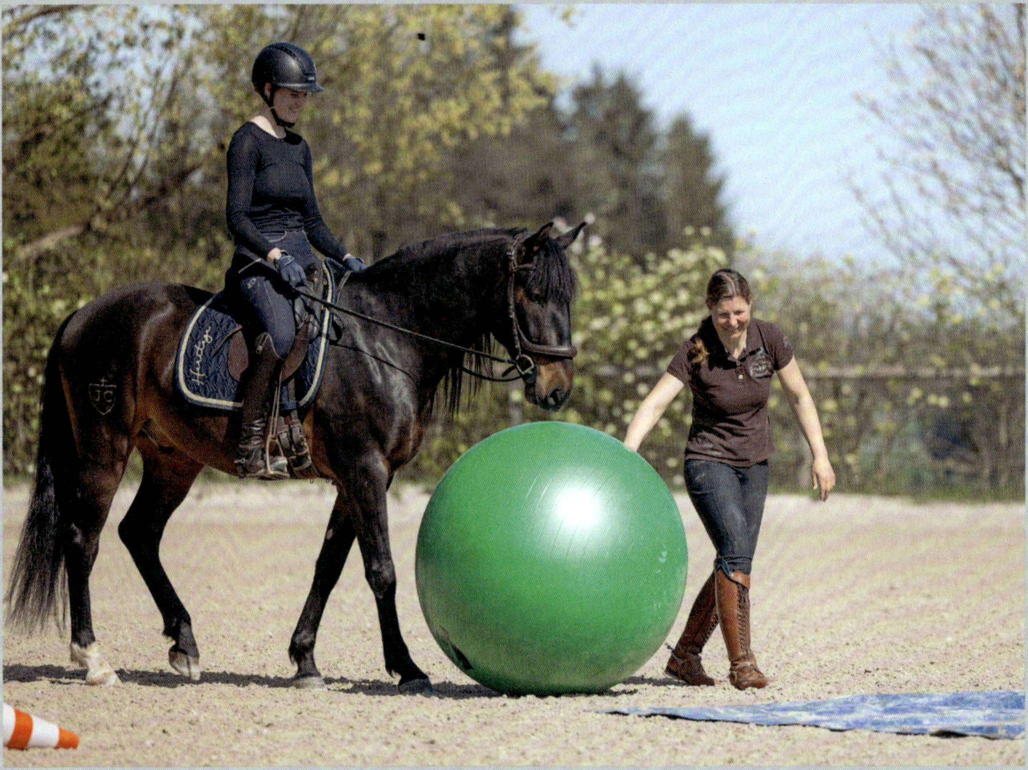

Das richtige Training

Die zweite Teildisziplin und das eigentlich charakteristische Element der Working Equitation ist der Trail. Hier wird imitiert, was in der Arbeitsreitweise typisch ist: Der Rinderhirte saß täglich mehrere Stunden auf seinem Pferd, hütete das Vieh, trieb die Tiere von einer Weide zur nächsten oder brachte verirrte Rinder zur Herde zurück.

Tipp

Im Dressurtrail bekommt ein vermeintlich faules Pferd mehr Antrieb, weil es den Sinn einer Aufgabe versteht. Ein übermotiviertes Pferd erfährt die Sicherheit, alles richtigzumachen.

Das Arbeitspferd musste viele verschiedene Aufgaben lösen. Wechselte der Rinderhirte z. B. von einer Weide zur nächsten, musste er ein Tor öffnen und schließen, damit ihm die Rinder nicht folgten. Dieses Hindernis finden wir auch in der Working Equitation wieder. Aus dem Treiben von Rindern um Olivenbäume herum (weil die Kälber nicht dorthin wollten, wohin sie sollten) entstanden die Aufgaben im Slalom und um Tonnen. Manchmal hatte sich auch ein Kalb in einem großen Gestrüpp verfangen. Diese Situation wird in der Glockengasse oder beim Becher-rückwärts-Umsetzen dargestellt. Da in vielen südlichen Ländern die Hirten eine Stange als Hilfsmittel zum Treiben und Koordinieren nutzten, ist die Arbeit mit der Garrocha auch für den Trail entwickelt worden.

Der Dressurtrail hilft, dem Pferd die Lektionen besser zu vermitteln: Für ein Fluchttier ergibt es mehr Sinn, eine Volte um eine Tonne herumzulaufen als in der freien Bahn. Das gilt auch für das Rückwärtsrichten oder Vor- und Hinterhandwendungen. Mithilfe der Hindernisse versteht das Pferd seine Aufgaben besser, wird positiv verstärkt und motiviert. Außerdem kann ein dressurmäßig gut gerittenes Pferd auch im Speedtrail und an den Rindern nur besser sein – nicht allein durch die gute Kommunikation zwischen Pferd und Reiter, sondern vor allem durch die Gymnastizierung und Durchlässigkeit aus der dressurmäßigen Arbeit.

Die verschiedenen Hindernisse sind je nach Anforderung und Schwierigkeitsgrad den jeweiligen Klassen zugeordnet. In der Einsteigerklasse sind es vor allem Hindernisse, die im Trab zu reiten sind und einfache Wege und Linienführungen ermöglichen. Mit den steigenden Anforderungen der höheren Klassen nehmen Anzahl und Variationsmöglichkeiten zu. Außerdem wird die Gangart Galopp immer wichtiger.

WIE BEGINNE ICH?

Man muss nicht gleich einen richtigen Trailparcours haben, um mit der Working Equitation zu beginnen. Oft hat man alle wichtigen Utensilien im Stall oder zu Hause und kann durchaus improvisieren. Mit ein bisschen handwerklichem Geschick ist es auch möglich, Hindernisse selbst zu bauen.

Tipp

Es ist sinnvoll, zunächst einzelne Hindernisse zu trainieren und nicht gleich einen ganzen Parcours aufzustellen.

Es muss nicht immer ein ganzer Turnierparcours sein, um Trail reiten zu können.

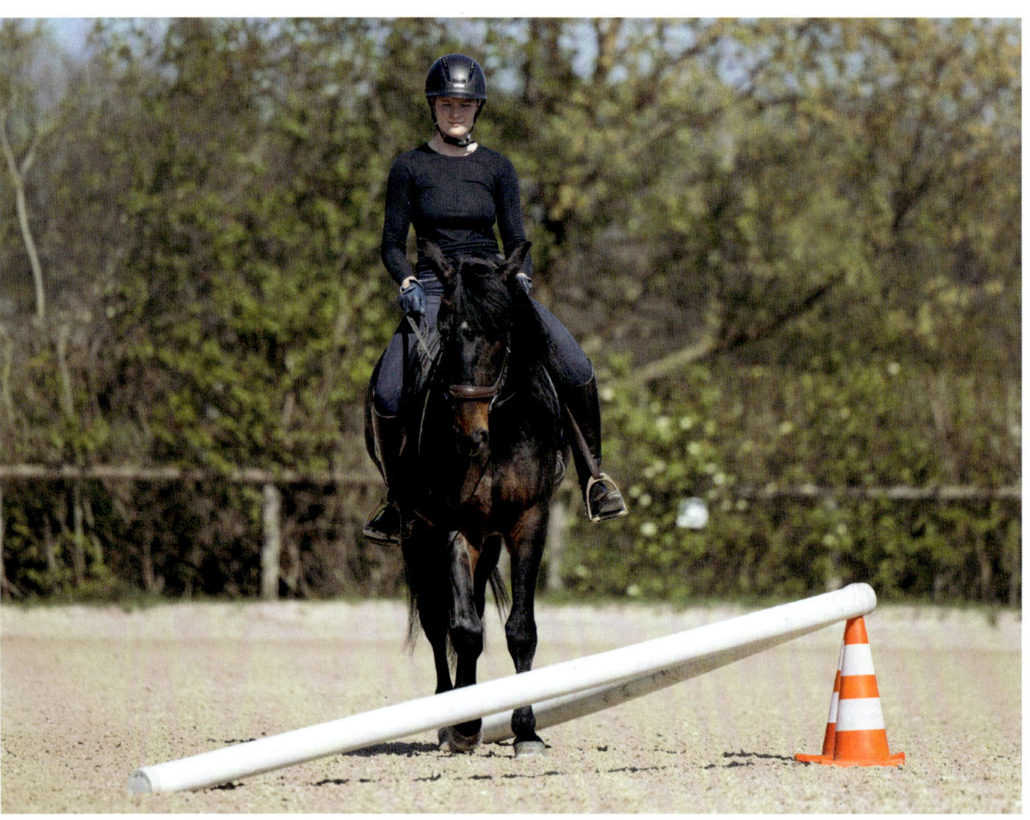

Ein gutes Hindernis für den Start ist z. B. der Slalom – die großen Linien wärmen das Pferd gleichzeitig gut auf. Baut man noch ein Hindernis auf, das im Seitwärts oder Rückwärts bewältigt wird, deckt man bereits einige Aufgaben ab.
Die Hindernisse sollten immer vielfältig sein, auch was ihre Optik angeht. Mit einfachen Mitteln lassen sie sich leicht verwandeln, so ist z. B. eine Schabracke auf der Brücke eine neue Herausforderung, ebenso wie bunt geschmückte Geländer. Auch ein Regenschirm in der Mitte des Pferchs oder eine große Sporttasche sind neue optische Reize für das Pferd. Besonders gut eignen sich Poolnudeln zur „Dekoration", da sie weich und biegsam sind. Selbst wenn ein Pferd darauftritt, ist die Verletzungsgefahr gering. Fahnen lassen sich überall leicht anbringen und sind ein gutes Training für jede Turniersituation. Bälle, Luftballons und leere Dosen auf einer Plane fordern das Team und steigern das Vertrauen zwischen Reiter und Pferd, wenn das Überreiten gelingt. Der Fantasie sind keine Grenzen gesetzt, wichtig ist nur, dass die Gegenstände beweglich sind, ungiftig und bei Beschädigung nicht splittern.

Nun aber genug der Theorie – es wird Zeit, dass wir loslegen.

»Let's go working!«

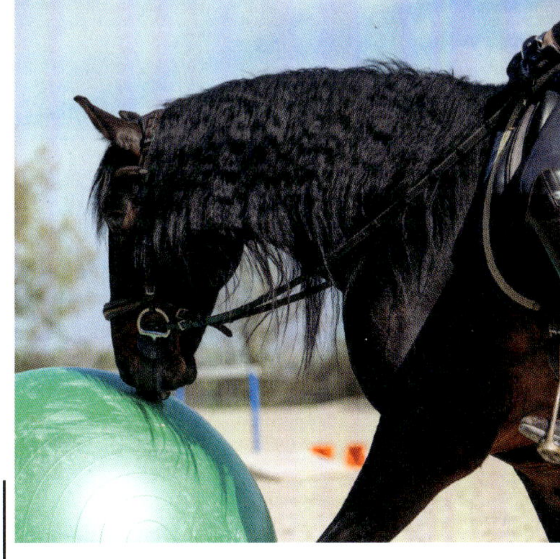

2

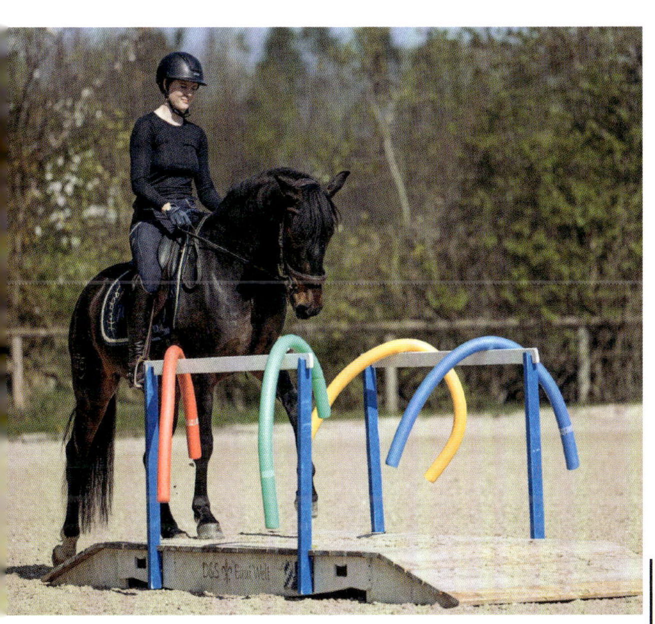

1

1 Optische Variationen machen bekannte Hindernisse zu neuen Herausforderungen.

2 Manche Ideen wecken den Spieltrieb im Pferd.

Zwei Tonnen

Das Hindernis besteht aus zwei Tonnen, Pylonen, Würfeln oder auch Eimern. Diese sollten möglichst gleich sein und standfest. Um diese Tonnen herum werden zwei Volten in Form einer Acht geritten.

Die Tonnen stehen in einem Abstand von sechs Metern (WE bis WL) oder drei Metern (WM und WS). Wichtig dabei: Der Messpunkt ist immer die Mitte des Objekts und nicht die Außenkante.

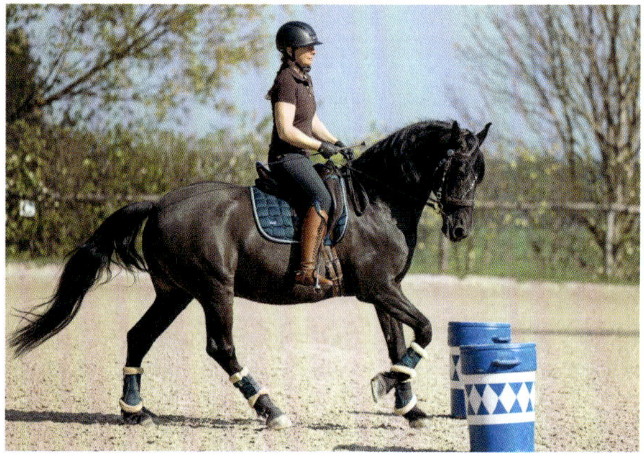

Die Tonnen werden in zwei Volten umritten, müssen aber nicht der Mittelpunkt dieser Volten sein. Man beginnt mit der Rechtsvolte …

DIE AUFGABE

– Es werden zwei gleich große und runde Volten geritten, wobei die Tonne nicht der Mittelpunkt der jeweiligen Volte sein muss.
– Der Mittelpunkt der Verbindungslinie zwischen den Tonnen zeigt den Treffpunkt der beiden Volten an. Hier wird das Umstellen im Trab oder der einfache bzw. fliegende Wechsel geritten.
– Das Umstellen von der ersten Volte nach rechts zur zweiten Volte nach links muss genau über der Verbindungslinie erfolgen.
– Der Ein- und Ausritt sollte immer senkrecht zur Verbindungslinie sein, damit man einen korrekten Anfangs- und Endpunkt für die Volten hat.

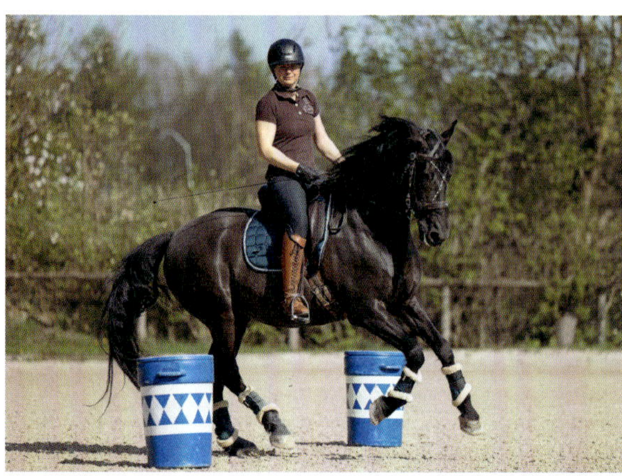

…, dann folgt die Linksvolte. Das Umstellen erfolgt genau auf der Verbindungslinie.

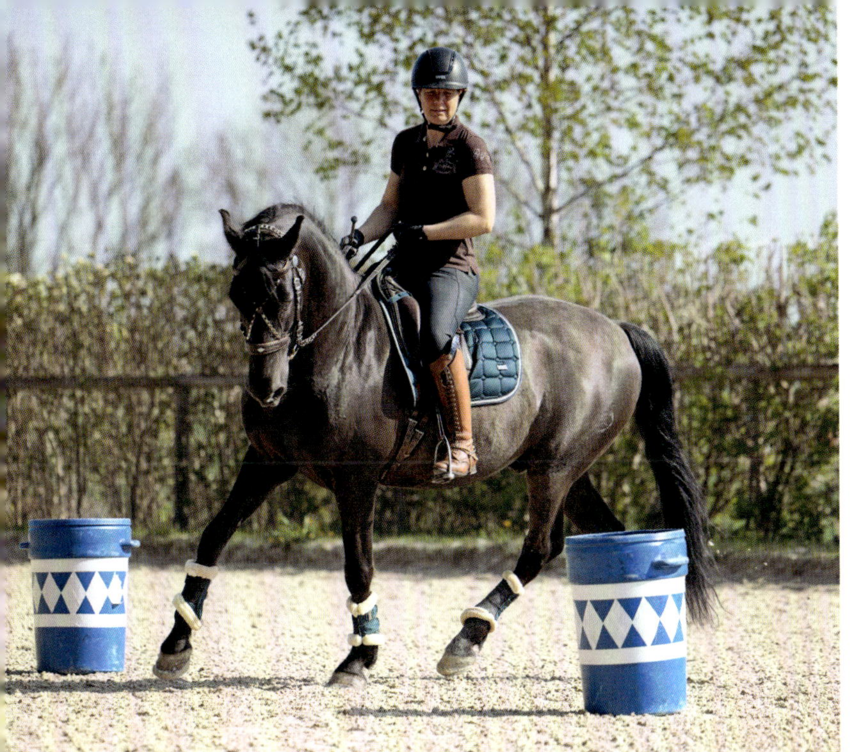

Beim Galoppwechsel muss man darauf achten, dass dieser immer zwischen den beiden Tonne geritten wird. Der Blick sollte immer auf die Tonne gerichtet sein.

ANFORDERUNGEN

Anritt, Stellung und Biegung, Einteilung und Form der Volten, Takt, Anlehnung, gleichmäßiger Rhythmus der Gangart, mittiges und gerades Durchreiten der Verbindungslinie der Tonnen, Umstellen oder Wechsel, Ausritt

– In niedrigen Klassen wird durchgetrabt, in höheren Klassen wird im Galopp geritten, mit einfachen Wechseln über Trab oder Schritt. Man leitet den Übergang etwas vor der Verbindungslinie ein, um den einfachen Wechsel genau über die Linie reiten zu können. Das Angaloppieren erfolgt kurz nach der Linie. Ab der Leistungsklasse L kann auch ein fliegender Wechsel geritten werden. Dann muss der Wechsel genau beim Umstellen erfolgen.
– Ab WM oder WS kann zusätzlich rückwärts um die Tonnen geritten werden (erst Rechtsvolte, dann Linksvolte).

RICHTIG TRAINIEREN

Zunächst ist das Ziel, die Volte rund und gleichmäßig in guter Stellung und Biegung zu reiten. Dafür ist es hilfreich, die erste Volte einige Male nach rechts zu reiten, bis sich ein gutes Gleichmaß eingestellt hat. Erst dann sollte man in die zweite Linksvolte wechseln und das Gleiche auf dieser Seite wiederholen. Wenn das gut gelingt, reitet man nur jeweils einmal um die Tonnen.
Zunächst reitet man das Hindernis im Trab und baut dann Schritt-Übergänge

Tipp

In den Volten zählt man bei gleichbleibendem Tempo Schritte. Stimmt die Anzahl der Schritte in der ersten Hälfte der Volte mit der in der zweiten Hälfte überein, ist die Volte annähernd rund.

am Wechselpunkt ein. Dadurch verstehen Pferd und Reiter die Linienführung besser und man übt so bereits den richtigen Punkt für die Parade. Der einfache Wechsel im Galopp über die Verbindungslinie sollte immer frühzeitig eingeleitet werden, damit man genügend Platz hat. Für ein gelungenes Anspringen denkt man in der Schrittphase an Schenkelweichen – bei sehr übereifrigen Pferden, die das Angaloppieren gerne vorwegnehmen, reitet man tatsächlich Schenkelweichen. So fällt es dem Pferd leichter, den richtigen Galopp zu finden. Falls das nicht gelingt, übt man zuerst den Ablauf mit halber Volte rechts, halber Volte links ohne den Bezug zum Hindernis.
Verliert das Pferd den Rhythmus, legt man die Linie größer an, das macht es leichter für das Pferd. Wenn es die Übung verstanden hat, wird es die kleinere Linie von allein anbieten. Das nimmt man dann natürlich gern an und lobt.
Hat man die Tonnen einige Male nacheinander umrundet (rechts-links-rechts-links ...), bekommt man ein immer besseres Gefühl für die Wendungen. Als Hilfestellung für die richtige Linienführung kann man noch zusätzliche Hütchen aufbauen, die Voltenlinie und Mittelpunkt mit Wendepunkten markieren.

Tipp

Ist der Blick immer auf die Tonne gerichtet, bleibt die Drehung im Oberkörper korrekt.

BEIM TURNIER

Beim Turnier muss das Hindernis rotweiß ausgeflaggt sein bzw. es muss zumindest die Nummer des Hindernisses an der rechten Tonne platziert sein. Somit ist die Richtung des Eintrittes klar erkennbar.

HINDERNISNUMMER

Die Reihenfolge der Hindernisse im Parcours ist dank deutlich sichtbarer Nummern an den Hindernissen einfach zu erkennen. Die Nummern sind rechts am Hindernis angebracht und markieren gleichzeitig den Einritt.

Der Reiter kommt in der Gangart der Leistungsklasse auf das Hindernis zu, reitet mittig im rechten Winkel über die Verbindungslinie hinein und umrundet die rechte Tonne in einer Volte. In der Mitte zwischen den beiden Tonnen erfolgt der Handwechsel zur linken Volte. Ist sie beendet, wird das Hindernis gerade im rechten Winkel über die Verbindungslinie verlassen. Im Trab sollte das Hindernis möglichst im gleichen Rhythmus durchgeritten werden, im Galopp muss der einfache Wechsel über Trab oder Schritt erfolgen. Ab der Klasse WL muss der einfache Wechsel über den Schritt sein.

DRESSUR-VARIANTEN

– Die Tonnen neben der Mittellinie platzieren, geradeaus reiten und in Höhe von X Volte rechts und danach Volte links reiten;
– Zirkel verkleinern und vergrößern um die Tonnen herum;
– Schulterherein oder Travers um die Tonnen herum;
– Schlangenlinie durch die Bahn, in Höhe der Mittellinie Volte rechts und danach Volte links.

Drei Tonnen

Drei Tonnen werden so aufgestellt, dass sie die Ecken eines gleichseitigen Dreiecks bilden. Um die drei Tonnen herum werden drei gleich große Volten geritten.

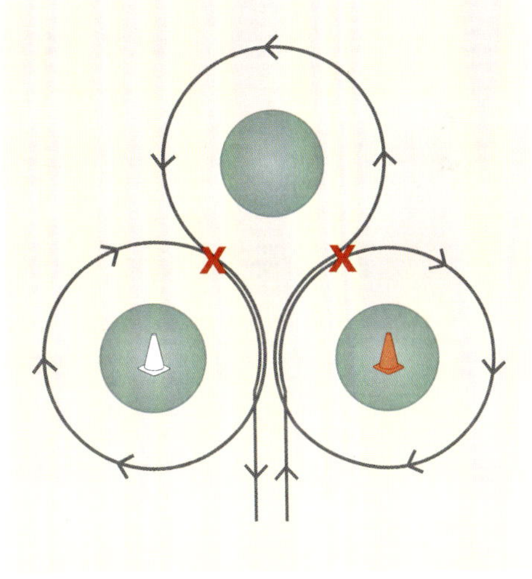

Die Linienführung erinnert an die Zeichnung eines dreiblättrigen Kleeblattes, Ein- und Ausritt stellen den Stiel dar.

Der Abstand zwischen den drei Tonnen ist je nach Leistungsklasse sechs Meter (WE bis WL) oder drei Meter (WM bis WS). Statt Tonnen können auch Pylonen oder stabil stehende Eimer verwendet werden.

DIE AUFGABE

– Man reitet um die Tonnen zunächst eine Rechtsvolte, dann eine Linksvolte und wieder eine Rechtsvolte, wobei die rechten Volten ganz geschlossen sind, die linke nicht. Der Reiter muss das Hindernis im gleichmäßigen Rhythmus und in gleich großen Volten im Trab oder im Galopp mit einfachen Wechseln durchreiten.
– Man reitet immer mittig zwischen den Tonnen in und aus dem Tonnendreieck. Nur die Form außerhalb des Dreiecks ist in der Größe variabel, da die Tonnen nicht der Mittelpunkt der Volten sein müssen.
– Das Umstellen und der einfache Wechsel erfolgen immer im Dreieck, wobei die Verbindungslinien maßgeblich sind für das Beenden des Umstellens oder des einfachen Wechsels. Beim einfachen Wechsel muss an der ersten Verbindungslinie (Einritt ins Dreieck) das Durchparieren zum Schritt oder Trab erfolgen, bei der zweiten Linie das Angaloppieren (Ausritt des Dreiecks).
– Beim fliegenden Wechsel ist immer die Einrittlinie maßgeblich als Punkt des Wechsels.

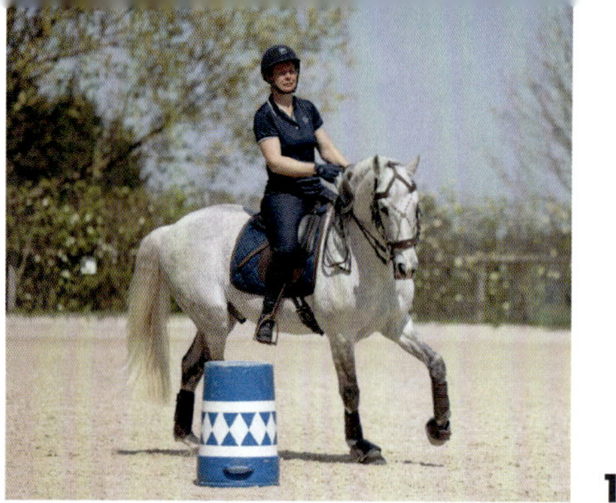

1

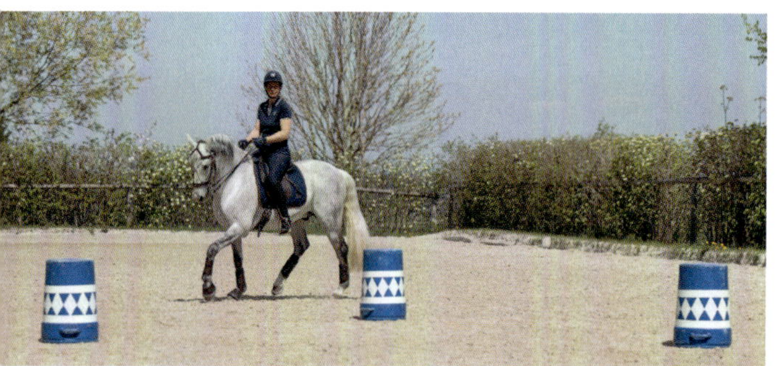

2

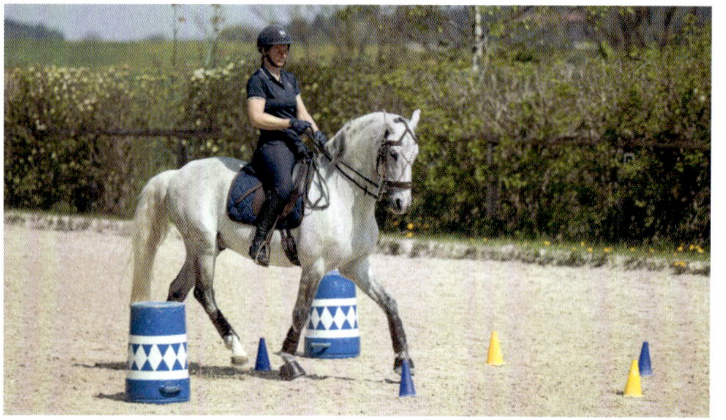

3

1 Biegung und Stellung sind ein wichtiger Faktor für das Gelingen der Linien.

2 Alle Volten sollten gleich groß sein, Maß ist immer die erste Volte.

3 Pylonen bieten eine gute optische Orientierung.

ANFORDERUNGEN

Takt und Rhythmus der Gangart, Anlehnung, gleichmäßige Geometrie, korrekte Linienführung, Stellung und Biegung, Qualität der Übergänge und Wechsel

RICHTIG TRAINIEREN

Als gute Vorübung und für das bessere Verständnis kann man das Hindernis zunächst im Trab reiten und Schritt-Übergänge am Wechselpunkt einbauen. So hat der Reiter mehr Zeit, sich vorzubereiten und bekommt ein besseres Gefühl für die Übung im Galopp.
Oft ist die Volte in der einen Richtung schwieriger zu reiten aufgrund der natürlichen Schiefe des Pferdes. Dann sollte man gut auf Stellung und Biegung achten. Durch mehrfache Wiederholungen wird es auch in der schwierigen Richtung leichter, die Volte rund zu reiten. Gelingen keine gleich großen Volten, ist es am einfachsten, die Schritte zu zählen – dadurch fällt dem Reiter deutlich auf, an welcher Stelle der Volte er nicht genügend rund reitet. Wichtig ist allerdings, dass erst ab den Verbindungslinien gezählt wird und nicht ab dem Umstellen, da ja die Volten nicht alle geschlossen sind.
Auch kann es sein, dass eine Volte nicht rund wird, weil der Reiter keine Schulterkontrolle über das Pferd hat. Das erkennt man deutlich, wenn sich das Pferd um die Tonne „wirft“. Zu korrigieren ist dieser Fehler der Geraderichtung, indem man deutlicher mit dem inneren Schenkel die innere Schulter anhebt und das Pferd wieder besser ins Gleichgewicht bringt. Im Gegenzug wird die Volte in die andere Richtung meist größer als geplant, das Pferd läuft über die äußere Schulter weg. Hier fehlt die Begrenzung durch den äußeren Schenkel!
Kann der Übergang nicht klar genug geritten werden und wartet das Pferd nicht auf die Hilfen zum Angaloppieren, vermitteln Halt-Paraden dem Pferd das Verständnis für den Über-

gang. Das erneute Angaloppieren kann am besten durch schenkelweichenartiges Reiten (vom neuen inneren Schenkel weg) erarbeitet werden. Mit dieser Vorbereitung bringt man das Pferd durch die daraus resultierende Balance-Verschiebung am besten zum richtigen Anspringen zwischen den Tonnen.

BEIM TURNIER

Man startet gerade auf das Hindernis zu. Nach Überqueren der gedachten Verbindungslinie zwischen den rotweiß markierten Tonnen beginnt das Reiten des Hindernisses: Die rechte Tonne wird in einer Volte umrundet. Ist die Rechtsvolte ganz geschlossen, geht es mittig der Verbindungslinie der ersten zur zweiten Tonne in die Linksvolte (um die zweite Tonne). Diese ist nicht ganz geschlossen! Sobald man die Verbindungslinie von der zweiten und dritten Tonne mittig durchritten hat, beginnt die letzte Volte nach rechts um die dritte Tonne. Der Ausritt entspricht der Linie des Einrittes, nur in die andere Richtung.
Optisch erinnert die Linie an ein dreiblättriges Kleeblatt: Ein- und Ausritt sind der Stiel, die Volten die einzelnen Blätter. Die Nummer muss immer an der ersten zu umrundenden Tonne stehen, also rechts vom Einritt.

DRESSUR-VARIANTEN

– Die Größe der Volten variiert;
– die Gangarten der einzelnen Volten variieren;
– die Volten im Schulterherein oder Travers reiten.

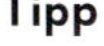

Tipp

Pylonen helfen zu Beginn, die korrekten Punkte auf den Verbindungslinien zu finden. Mit der Zeit wird die richtige Linie zur Routine.

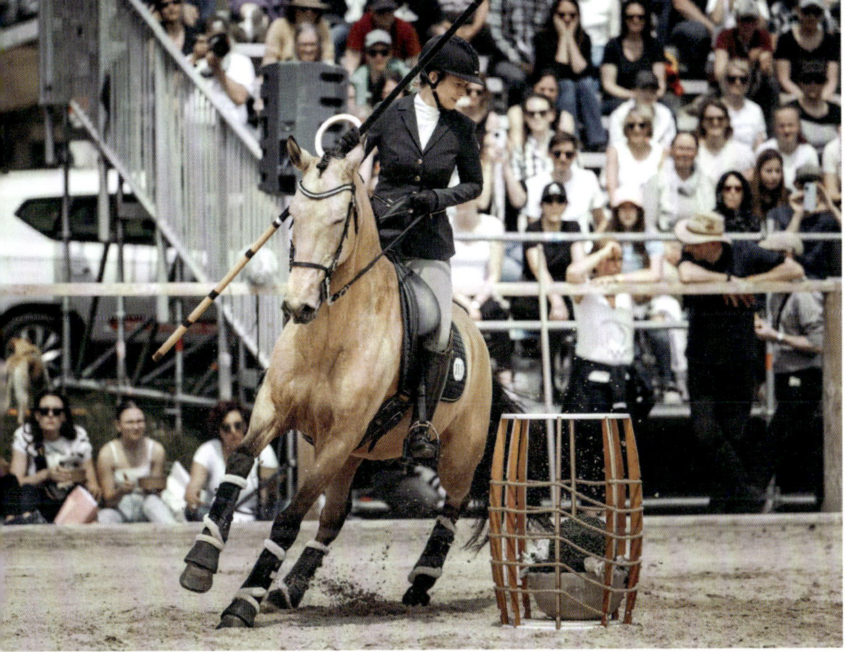

Auch so kann eine Tonne aussehen …

Einfacher Slalom

Das Hindernis besteht aus mindestens fünf Slalomstangen in einer geraden Reihe, die im Abstand von neun Metern (WE bis WL) bzw. sechs Metern (WM und WS) stehen. Alle Objekte müssen sicher stehen, dürfen aber nicht im Boden verankert sein.

ANFORDERUNGEN

Takt des Trabs oder Galopps, Anlehnung, Qualität des einfachen oder fliegenden Wechsels, Linienführung der Schlangenlinie, Umstellen des Pferdes, Position des Galoppwechsels

Als Material für einen Slalom eignen sich Hindernisständer oder Pylonen, die oben ein Loch haben. Hier hinein werden Stangen aus Holz, Bambus oder auch Gerten gesteckt (je ca. zwei Meter hoch).

DIE AUFGABE

Die Linienführung erinnert an eine doppelte Schlangenlinie: Es werden gleichmäßig große, flache Bögen zwischen den Stangen geritten, die Wechselpunkte müssen genau in der Mitte zwischen den Stangen liegen. Hier erfolgt

– im Trab der Stellungswechsel,
– im Galopp der einfache Wechsel über Trab oder Schritt (je nach Leistungsklasse),
– ab der Klasse WL optional der fliegende Wechsel,
– ab der Klasse WM verpflichtend der fliegende Wechsel. Im Optimalfall sind es immer vier Galoppsprünge zwischen den Wechseln. Wichtiger als die Sprungzahl ist es aber, den Wechsel über der gedachten Linie der Stangenreihe zu reiten.

RICHTIG TRAINIEREN

Zu Beginn des Trainings sollte man die Linie im Schritt oder Trab erarbeiten, da die Wechsel von linken zu rechten Bögen sehr schnell aufeinanderfolgen.
Gibt es beim Umstellen Probleme, ist es wichtig, den äußeren Zügel mehr nachzugeben (nicht den inneren mehr anzunehmen!) Klappt das nicht, hilft es, den Stangenabstand etwas zu vergrößern. Auch kann man zur optischen

Tipp

Um die Stellung und Biegung zu verbessern, kann man um die Stangen eine Volte einbauen.

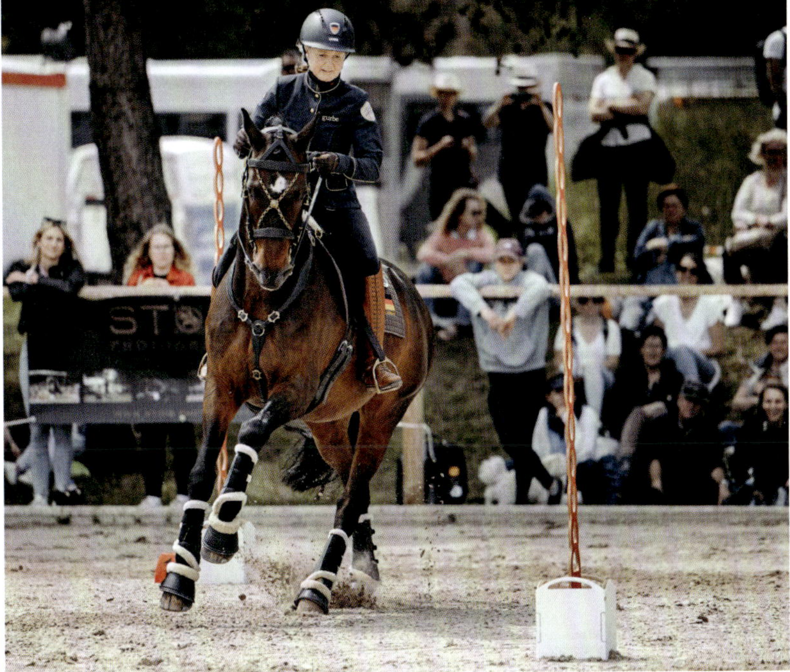

1

Orientierung für die Position des Wechsels und des Kreuzpunktes Stangen an die Solllinie legen.
Möchte man den Slalom später mit einfachen Wechseln reiten, übt man zunächst Trab/Schritt/Trab-Übergänge, bis der Rhythmus einfach erscheint. Dann reitet man die Übergänge Galopp-Trab oder Galopp-Schritt. Optimal sind hier vier Galoppsprünge zwischen drei Schritt- oder Trabtritten. Wichtig: Der erste Übergang darf nicht zu spät erfolgen. Da es immer einfacher ist, nach vorn auszugleichen, ist es besser, den ersten Übergang zum Schritt sehr früh anzusetzen.

BEIM TURNIER

Der Ein- und Ausritt muss rot-weiß markiert sein, die Hindernisnummer auf der rechten Seite am Einritt stehen. Es sollte eine möglichst gerade Anreitlinie gewählt werden, damit man an der ersten Wendung bereits einen guten Takt hat. Wenn ein Wechsel nicht optimal gelingt, versucht man weiterhin, im Rhythmus zu bleiben.

DRESSUR-VARIANTEN

– Die Linie ohne Wechsel im Galopp durchreiten;
– Volten um die Pylonen herum;
– Schenkelweichen zwischen den Pylonen reiten;
– die Größe der Bögen variieren;
– jeden Bogen in einer anderen Gangart reiten.

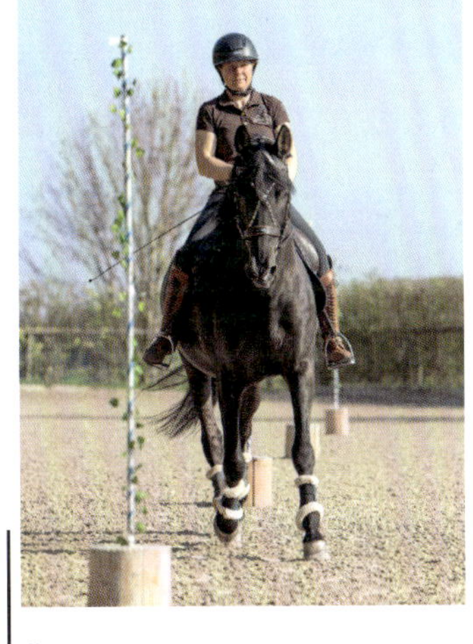

2

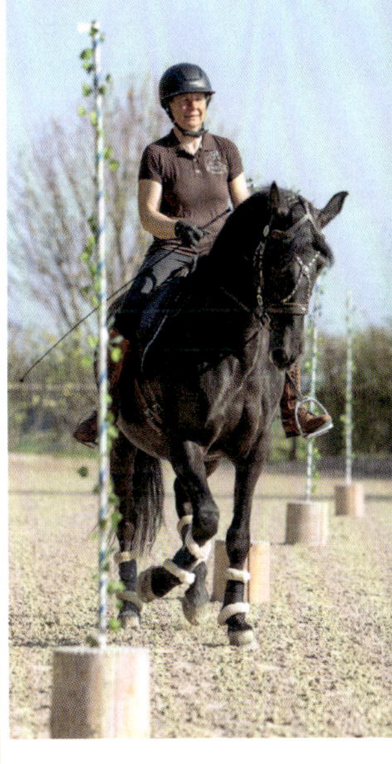

3

1 Der Name trifft es nicht ganz – der Slalom ist sicherlich nicht einfach zu reiten.

2 Wichtig sind Linienführung und Timing der Übergänge.

3 Ohne korrekte Biegung und Stellung wird der gleichmäßige Verlauf des Slaloms zur unlösbaren Aufgabe.

Parallel-Slalom

Das Hindernis besteht aus zwei parallel und versetzt aufgebauten Slalomreihen im Abstand von neun (WE bis WL) oder sechs Metern (WM und WS), sowohl in der Länge als auch in der Breite. Die Stangen der kürzeren Slalomreihe stehen exakt zwischen denen des längeren Slaloms.

Als Material für einen Slalom eignen sich Hindernisständer oder Pylonen, die oben ein Loch haben, in das Stangen aus Holz, Bambus oder auch Gerten gesteckt werden (je ca. zwei Meter hoch). Alle Objekte müssen sicher stehen, dürfen aber nicht im Boden verankert sein. Die Anzahl der Slalommarkierungen muss hier immer ungerade sein.

DIE AUFGABE

– Das Hindernis wird im Trab (WE- und WA) oder Galopp mit einfachen Wechseln (WA und WL) geritten, in den höheren Klassen mit einem fliegenden Wechsel.

– Die Linienführung erinnert sehr an eine Schlangenlinie durch die ganze Bahn, nur deutlich kleiner. In den Bögen steht jeweils eine Stange, die den Wendepunkt markiert. Der Abstand zur Stange muss immer gleich sein, alle Wendungen sind auf beiden Seiten gleich groß anzulegen. Entlang der gedachten Mittellinie wird ein kurzes Stück geradeaus geritten. In diesem Bereich hat der Reiter Zeit, sein Pferd

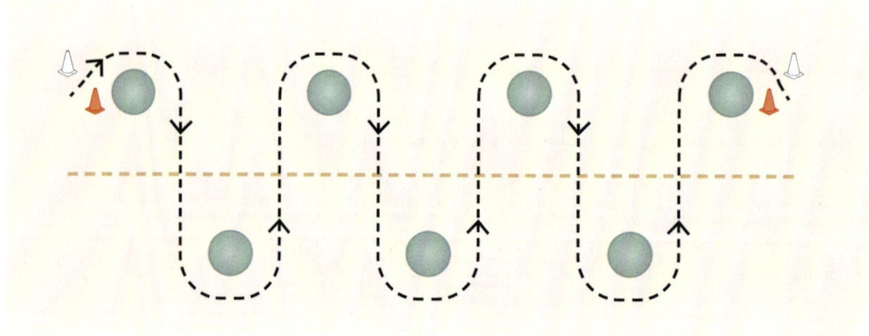

Die Linienführung des Parallelslaloms erinnert an eine Schlangenlinie durch die Bahn, nur kleiner.

1 Der vermeintlich enge Bogen muss oft geübt werden, damit das Pferd die richtige Technik hierfür entwickeln kann.

2 Von Bogen zu Bogen wird immer eine gerade Linie geritten.

3 Blick und richtige Drehung des Oberkörpers helfen, die engen Wendungen zu meistern.

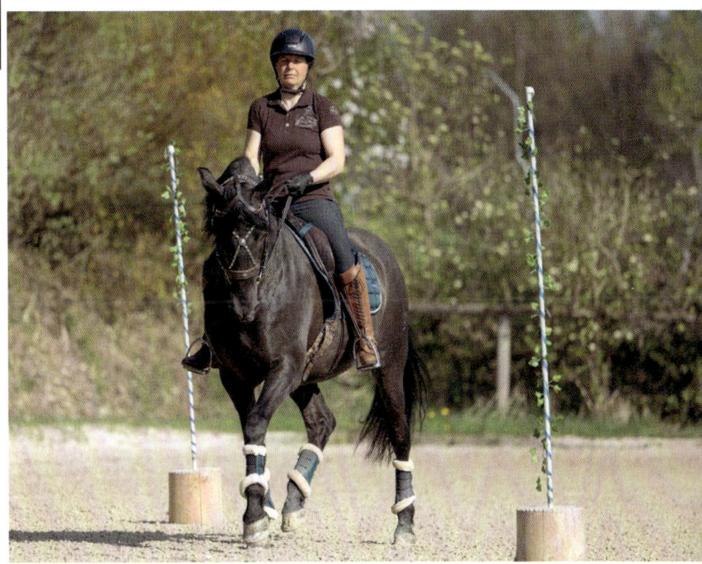

2

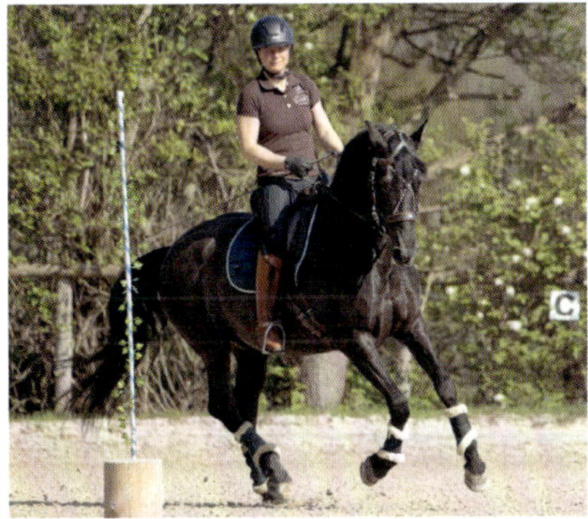

1

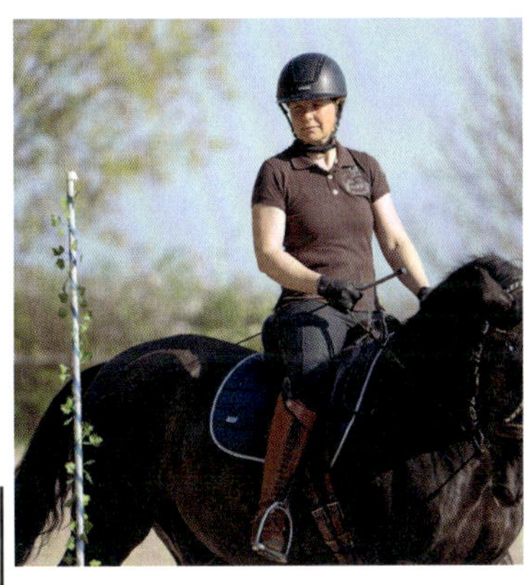

3

in die neue Richtung umzustellen. Wichtig ist, dass nach der Wendung um die Slalomstange gerade auf die zweite Slalomreihe zugeritten wird und nicht in einer Schleifenform. Die gedachte Mittellinie sollte im rechten Winkel durchritten werden.

– Reitet man den Slalom im Trab, sollte das Tempo gleich bleiben, sowohl in den Bögen als auch auf dem geraden Stück. Im Galopp wird auf dem geraden Stück zwischen den Bögen der einfache Wechsel über Trab oder Schritt geritten.

RICHTIG TRAINIEREN

– Der Reiter sollte Rhythmusverlust in den Wendungen vermeiden. Gelingt das nicht, ist es oft ein guter Lösungsansatz, den Weg um die Slalomstangen größer zu wählen oder sogar eine Volte um die Slalomstangen einzubauen.

– Durch die natürliche Schiefe kommt es häufig vor, dass das Pferd in der einen Wendung auf die innere Schulter kippt. Dies kann man durch einen intensiver treibenden inneren Schenkel verbessern. Das Wegdriften über die äußere Schulter verhindert der begrenzende äußere Schenkel. Um eine gute Kurve um die Slalomstange zu bekommen, reitet man das

ANFORDERUNGEN

Takt und Rhythmus der Gangarten, Anlehnung, gleichmäßige Bögen um die Stangen, Stellung und Biegung, Umstellen, Linienführung, Qualität und Position des Wechsels

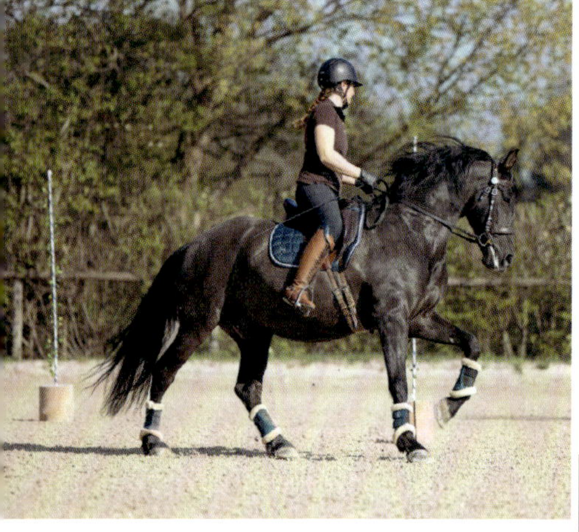

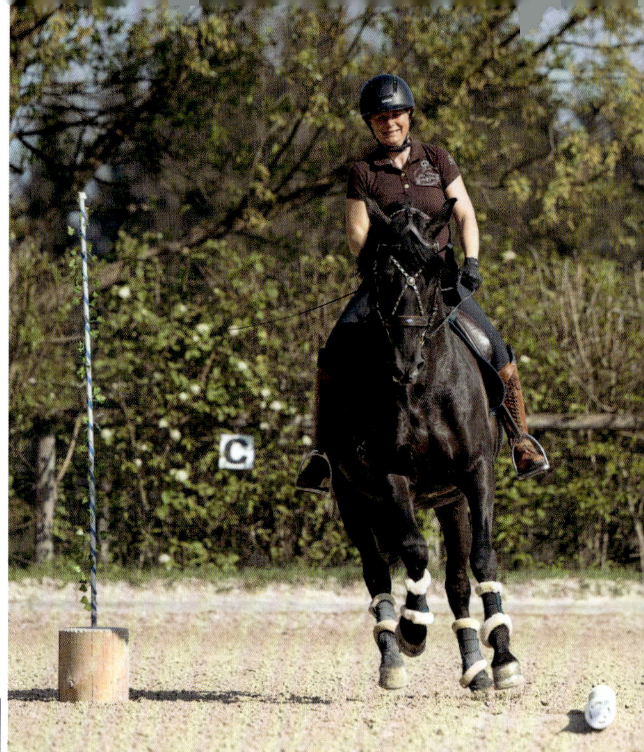

1 | 2

1 Ab der Anfängerklasse können die Bögen auch im Galopp geritten werden.

2 Als Hilfestellung zum geraden Reiten zwischen den Bögen eignen sich Stangen.

Pferd bereits in Stellung und um den inneren Schenkel gebogen in die Wendung hinein.

– Aus der Wendung heraus auf die gerade Linie verliert der Reiter sehr häufig die Schulterkontrolle bei seinem Pferd. Damit das nicht passiert und um auf eine gerade Linie zu kommen, ist es wichtig, das Pferd an den äußeren Hilfen geradezurichten. Ist das schwierig, kann man den Weg mit Stangen begrenzen.

Tipp

Der Reiter sollte sich für den Übergang immer Zeit lassen und gegebenenfalls sogar zum Halt parieren, falls das Pferd zu übereifrig wird und nicht warten kann.

– Eine gute Technik ist es, den Übergang im Schenkelweichen zu reiten. So kommt das Pferd vor dem Angaloppieren in die richtige Balance. Ebenso hilft es bei übereifrigen Pferden, die Kontrolle über die Schrittphase zu behalten.

– Für ein besseres Verständnis für den einfachen Wechsel sollte man das Hindernis im Trab reiten und Schritt-Übergänge über die Mittellinie einbauen. So bekommt das Pferd bereits eine gute Idee für den Übergang im Galopp.

BEIM TURNIER

Der Ein- und Ausritt des Hindernisses muss klar zu erkennen sein (rot-weiße Markierungen). Die rechte Markierung ist immer die rote auf der Seite des Einrittes, dort muss auch die Nummer platziert sein. Oft sind diese Markierungen schon in der Wendungsform der ersten Slalomstange angeordnet, damit man gleich die erste Wendung ordentlich reiten kann. Alle Wendungen sind in der gleichen Größe anzulegen, die Übergänge müssen an der gleichen Stelle geritten werden. Der perfekte Punkt ist genau in der Mitte der beiden Slaloms. Im Trab muss das Hindernis flüssig durchritten werden ohne Tempiunterschiede – Wendungen und Geraden sind im gleichen Takt. Reitet man einen Übergang, so muss diese Variante ebenso durch das komplette Hindernis durchgehalten werden, also Galopp/Trab/Galopp- oder Galopp/Schritt/Galopp-Übergänge. Das gilt ebenso für die Entscheidung des fliegenden Wechsels (ab WL wahlweise möglich).

DRESSUR-VARIANTEN

– Um die Pylonen herum Volten einbauen;
– die Wendungen im Schulterherein oder Travers reiten;
– am Wechselpunkt halten und rückwärtsrichten;
– eine Richtung in einer anderen Gangart reiten;
– jeden Bogen in einer anderen Gangart reiten.

Tipp

Ein gut gerittener einfacher Wechsel wird besser bewertet als ein fliegender Wechsel. Warum? Letztere sind für ein weiter ausgebildetes Pferd leichter als der einfache Wechsel.

Die engen Wendungen um die Pylonen erfordern ein gut balanciertes und rittiges Pferd.

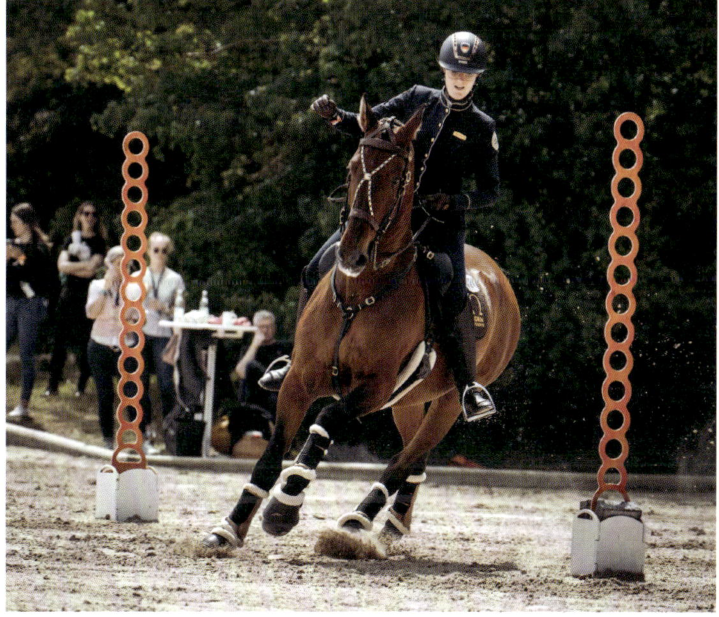

Sprung

Auch in der Working Equitation gibt es ein Hindernis in Form eines Sprungs. Dies kann sehr kreativ gestaltet werden, als oberstes Element muss immer eine Stange vorhanden sein.

Als Sprungständer eignen sich u. a. Cavalettiblöcke. Die Stange muss auf einer Höhe von 50 Zentimetern liegen. Darunter sind feste Elemente ebenso möglich wie weitere Stangen.

DIE AUFGABE

– Der Sprung soll mittig überwunden werden. Das gelingt gut, wenn das Hindernis mit gekreuzten Stangen aufgebaut ist. Bei einer geraden Stange hilft es, sich mithilfe von Fixpunkten (z. B. am Rand des Platzes oder der Halle) eine Anreitlinie zu suchen.
– Ziel ist auch, dass vor, über und nach dem Sprung möglichst der gleiche Galopprhythmus beibehalten wird. Das Pferd soll vertrauensvoll und gelassen springen, sich nicht überspringen und auch nicht hektisch werden.

RICHTIG TRAINIEREN

Um dieses Hindernis einfach zu erarbeiten, sind Stangen am Boden sehr hilfreich. Man legt einige Stangen auf einer geraden Linie. Sehr unsichere Paare reiten zunächst im Trab darüber, man platziert die Stangen mit etwa 1,20 m Abstand. Um den Galopprhythmus zu trainieren, vergößert man den Abstand auf ca. drei Meter (je nach Größe des Pferdes und des Galoppsprunges). Im nächsten Schritt baut man nach den Galoppstangen ein kleines Kreuz auf und reduziert dann die Vorlegestangen nach und nach, bis man das kleine Hindernis direkt anreitet. Klappt alles gut, kann man allmählich die Höhe des Hindernisses anheben. Achtung: Unterbauten lassen das Pferd oft zögern, viel-

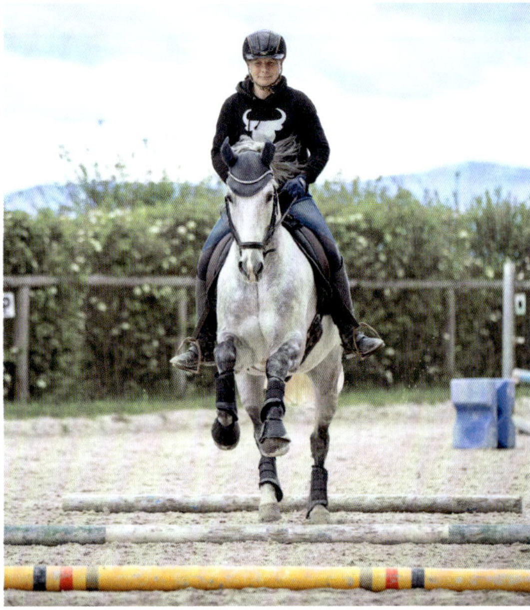

Nur Mut – ein Sprung in dieser Höhe ist einfach nur ein etwas größerer Galoppsprung!

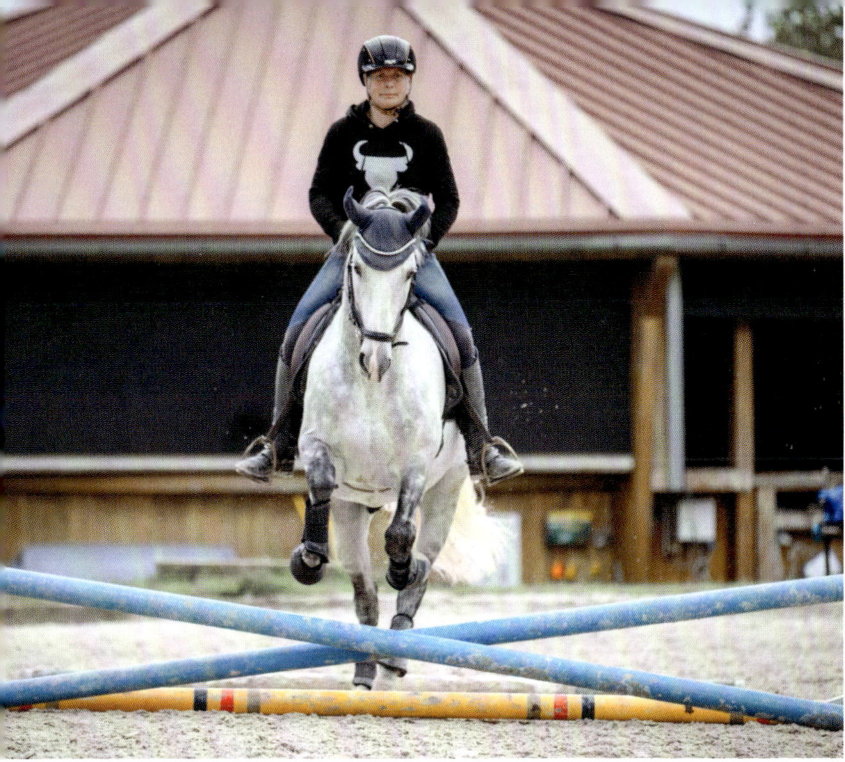

Der Sprung ist in der Working Equitation nur als Gehorsamsübung zu sehen.

ANFORDERUNGEN

Anritt auf einer geraden Linie zum Sprung, Takt und Tempo des Galopps, Vertrauen und Losgelassenheit, Linienführung nach dem Sprung

leicht verweigert es sogar. Daher ist es wichtig, es früh daran zu gewöhnen. Es erfordert viel Routine, einen Sprung entspannt und zuverlässig zu überwinden. Häufige Wiederholungen bringen die notwendige Sicherheit. Um das gleichmäßige Tempo und den Rhythmus besser zu erkennen, zählt man die Galoppsprünge zum Sprung hin. So kann man gegebenenfalls optimieren. Der Reiter sollte seinen Blick immer auf die Linie zum Sprung und die nach dem Sprung richten, um in der Landung den richtigen weiteren Weg einhalten zu können. Es gibt Pferde, die nach dem Sprung gern den Weg abkürzen. Das kann schwierig oder sogar gefährlich werden.

BEIM TURNIER

Beim Turnier muss das Hindernis rotweiß markiert sein, damit die Sprungrichtung klar zu erkennen ist. Auf der rechten Seite steht die Hindernisnummer.

Wichtig ist die Linienführung: Die Anreitlinie sollte gut gewählt werden (immer rechtwinklig auf den Sprung zu), mit einem nicht zu langsamen, aber auch nicht übereilten Tempo an den Sprung heran. Nach dem Sprung muss man eine gute Linie zum nächsten Hindernis finden, da der Abstand zwischen den Hindernissen oft nicht sehr groß ist. Es besteht allerdings immer die Möglichkeit, eine größere Linie zu wählen, bevor der positive Anreitweg darunter leidet.

DRESSUR-VARIANTEN

– Gymnastikreihen aufbauen;
– Stangen/Cavaletti auf gebogenen Linien reiten;
– Stangen/Cavaletti auf geraden Linien kombinieren;
– Stangendreieck.

Tipp

Wenn das Pferd das Hindernis verweigert, müssen die Anforderungen heruntergesetzt werden, um das Vertrauen wiederherzustellen.

Pferch

Der Pferch besteht aus zwei Zirkeln, die einen inneren und einen äußeren Ring bilden. Das Hindernis imitiert eine Art Treibgang und kann aus verschiedenen Materialien sein. Optimal ist ein Holzzaun mit einer Höhe von 30 bis 150 Zentimetern.

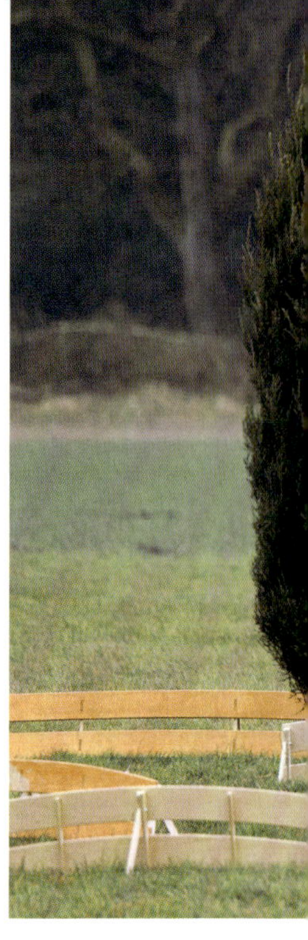

Im Galopp wird der Weg im Pferch eng, das fordert eine gute Balance und Versammlung.

Den Pferch baut man, indem man die beiden Zirkel mit Pylonen, Stangen, Strohballen, aufgestellten Paletten oder Hinderniselementen samt Flatterband einrahmt. Wichtig ist, dass keine spitzen Elemente oder Ecken entstehen und das Band keine Schlaufen bildet, in denen sich ein Pferdehuf oder ein Reiterbein verfangen können. Der Eingang sollte ca. zwei Meter breit sein, der äußere Zirkel hat einen Durchmesser von etwa sechs Metern. In der Mitte des großen Zirkels befindet sich ein weiterer, kleinerer Zirkel mit einem Durchmesser von ca. drei Metern. Die Spurweite, durch die man reitet, sollte 1,50 Meter betragen.

DIE AUFGABE

– Der Anreitweg kann variabel gewählt werden, der Einritt erfolgt aber immer gerade.
– Im Hindernis wird je nach Können und Anforderung in allen Gangarten geritten. Das Pferd ist dabei in korrekter Stellung und Biegung, bis man den Zirkel einmal komplett durchritten hat und das Hindernis am Einritt wieder verlässt. Die Gangart bleibt in der Gasse des Pferchs erhalten.
– Ist es gefordert, den Pferch in beiden Richtungen zu durchreiten, reitet man je nach Leistungsklasse eine Wendung in Form einer kleinen Kehrtvolte oder ein Kurzkehrt (Pirouette).

RICHTIG TRAINIEREN

Bei unbekannten Hindernissen ist es wichtig, Vertrauen aufzubauen. Der Pferch kann durchaus beengend sein, daher gestaltet man ihn bei den ersten Versuchen nicht hoch und massiv, sondern mit niedrigen Materialien wie Pylonen oder Strohballen. Es

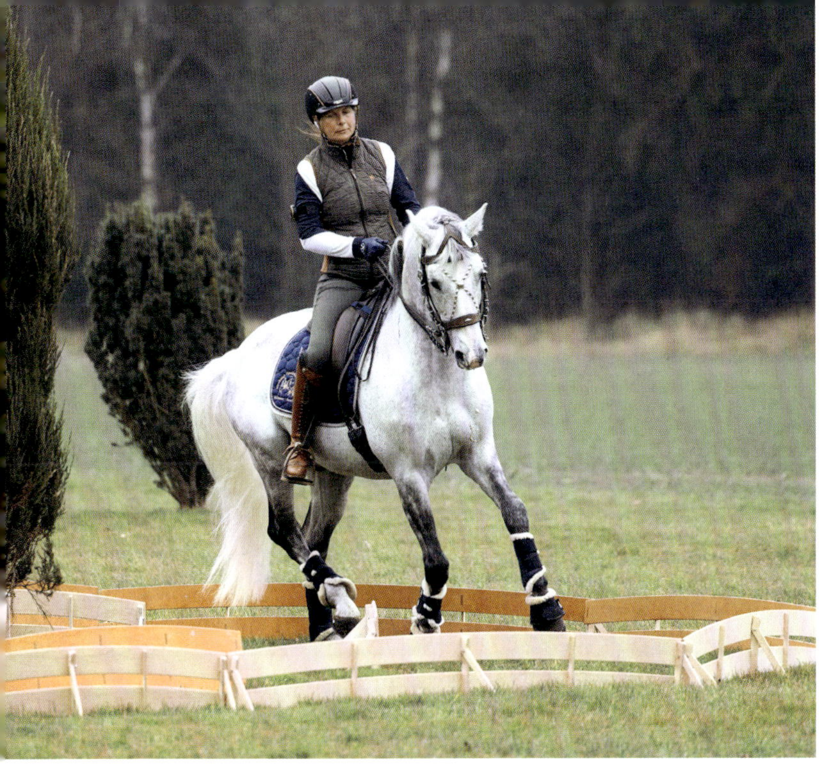

ANFORDERUNGEN

Takt und Erhalt der gewählten Gangart, Losgelassenheit und Vertrauen, Stellung und Biegung, Übergang der Gangarten, Anlehnung

Tipp

Ein Zögern darf nie bestraft werden. Besser ist es, Vertrauen aufzubauen.

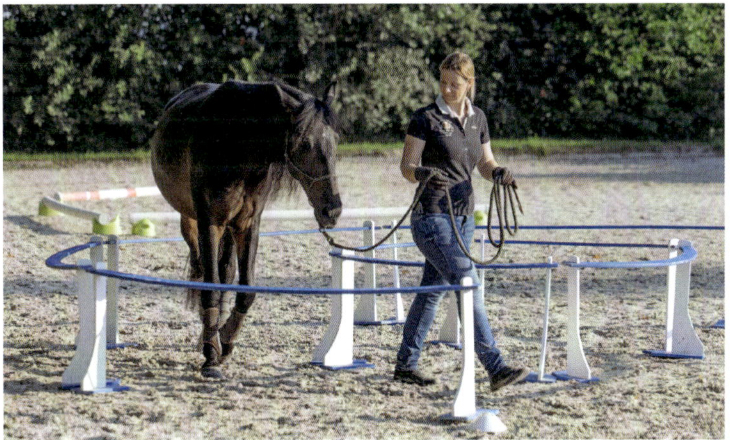

Bei neuen Hindernissen baut man zunächst am Boden Vertrauen auf.

hilft, das Pferd zunächst hindurchzuführen oder ein erfahrenes Pferd vorangehen zu lassen. Eine weitere Möglichkeit besteht darin, in beiden Richtungen außen um den Pferch herumzureiten. Auch so kann sich das Pferd alles in Ruhe anschauen. Zeit darf hier keine Rolle spielen.

Wichtig ist der gerade Anritt in das Hindernis. Klappt das nicht, weil das Pferd nicht gerade auf den Pferch zugehen mag, wählt man einen leicht schrägen Winkel. Das hilft dem Pferd, den Durchgang besser zu sehen. Auch kann man eine Art Zirkel verkleinern reiten, um geschickt in den Durchgang

1

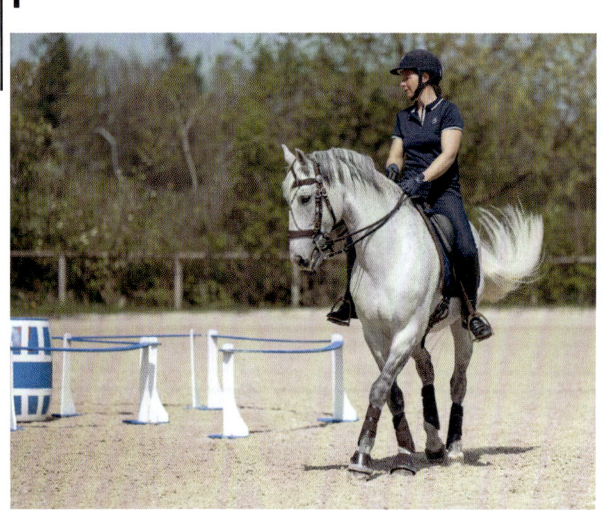

einzufädeln. Zirkel verkleinern und vergrößern hilft auch bei der Entwicklung von Stellung und Biegung, beides wird im Hindernis verlangt. Ebenso verbessert es die Anlehnung im Durchgang.

Man beginnt immer im Schritt! Erst wenn das Pferd vertrauensvoll in beide Richtungen durch den Gang geht, kann man in eine höhere Gangart wechseln.

Die Wendung zwischen den beiden Durchritten sollte in gutem Abstand

1 Die Wendung ist ein Bestandteil des Hindernisses und fließt in die Bewertung mit ein.

2 Es sollte immer in Stellung und Biegung durch den Pferch geritten werden, der Linie des Hindernisses folgend.

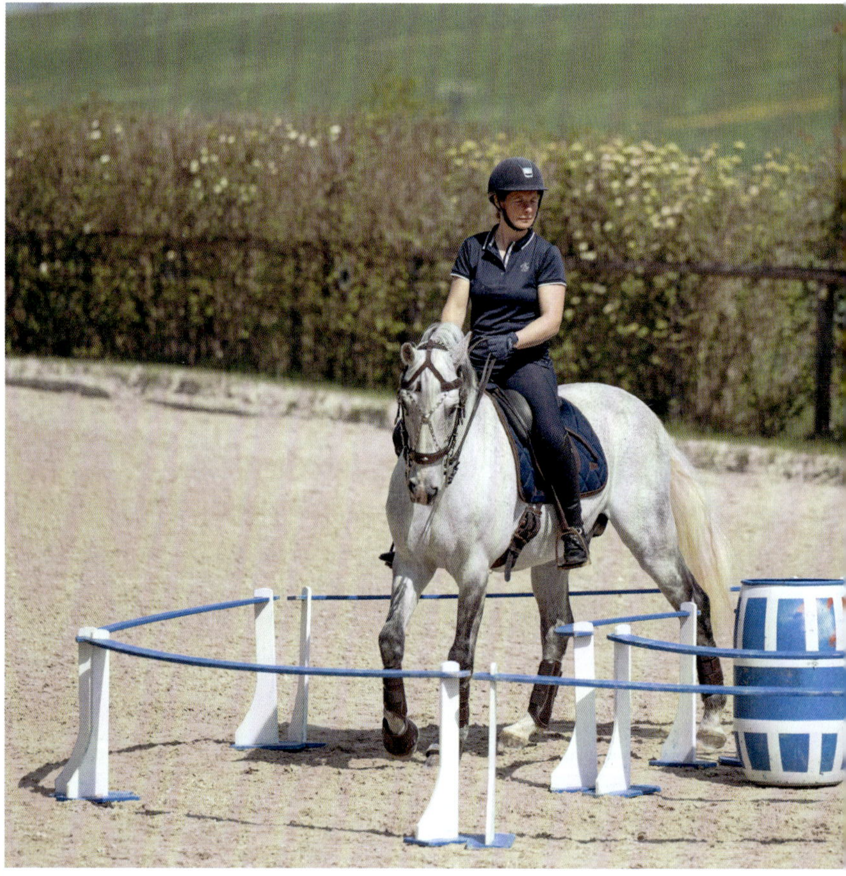

2

zum Einritt erfolgen, eine Kehrtvolte oder ein Kurzkehrt eignet sich am besten. Wichtig ist es, auf jeden Fall, wieder auf die Linie des Einrittes zurückzukommen.
Je nach Können und Gangart kann man auch eine Galopppirouette reiten: Ich empfehle, zuerst den fliegenden Wechsel und dann die Pirouette zu machen. Wenn die Pirouette nicht gelingt oder zu groß wird, könnte es sonst eng mit dem Platz werden.

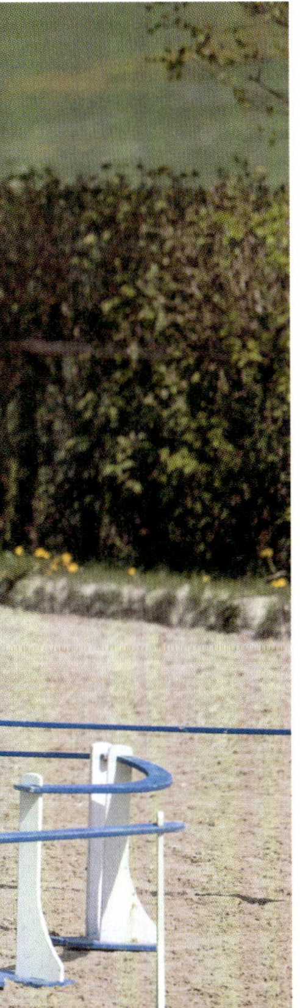

Tipp

Wenn beide Richtungen geritten werden, ist es ratsam, die erste Richtung so zu wählen, dass die anschließenden Elemente – Kehrtvolte/Kurzkehrt oder im Galopp Pirouette bzw. der fliegende Wechsel – besser umgesetzt werden können.

BEIM TURNIER

Der Eingang in den Pferch muss rotweiß markiert sein. Außerdem sollte die Nummer an der rechten Seite des Einganges stehen. Die Linie zwischen der rot-weißen Markierung zeigt den Punkt des Übergangs an. In der Parcoursskizze und bei der Begehung muss klar erkennbar sein, in welche Richtung der Pferch zu reiten ist, ob er nur ein- oder zweimal durchritten werden soll und in welche Richtung begonnen wird.
Manchmal kann man sich die Richtung auch aussuchen – dann wählt man die bessere Stellungsseite.
Ist es Vorgabe, beide Richtungen zu reiten, muss man unbedingt darauf achten, das auch zu tun und nicht zweimal dieselbe, da dies zu einer Disqualifikation führt. Auch ein unplanmäßiges Verlassen des Hindernisses (über die Umrandung hinaus) hat die Disqualifikation zur Folge.
Das Reiten in einer höheren Gangart kann bessere Punkte bringen, birgt aber auch mehr Risiko: Kann das Pferd die gewählte Gangart nicht durchhalten, wird die Bewertung schlechter ausfallen als in einer niedrigeren Gangart ohne Taktstörung. Berühren oder Touchieren des Hindernisses beim Ein- bzw. Ausritt oder auch in der Gasse mindert ebenfalls die Note.

DRESSUR-VARIANTEN

– Zirkel verkleinern und vergrößern um den Pferch herum;
– die Gangart im Pferch wechseln;
– rückwärtsrichten im Pferch;
– mehrmals durch den Pferch kreiseln.

Tor

Ein handelsübliches Holz oder Metalltor ist das optimale Trainingshindernis, es funktionieren aber auch zwei Hindernisständer mit einer Longe. Oder man baut selbst: Eine Sprungständer-Auflage wird mit einem Scharnier aus dem Baumarkt versehen und daran ein Plastikrohr befestigt: Das Rohr lässt sich mit einem Tuch oder einer Fahne dekorieren.

ANFORDERUNGEN

Korrektes Anreiten im rechten Winkel, Übergang, ruhiges Halten, Annehmen der Hilfen beim Durchreiten der einzelnen Sequenzen, Position beim Öffnen und Schließen des Tores

Wichtig: Das Tor sollte ohne scharfe Kanten sein und stabil am Boden stehen. Die Höhe der Seitenteile sollte mind. 1,30 Meter betragen, die Breite mind. 2,00 Meter. Bei einem festen Tor müssen die Seiten mit Steinen, Blumentöpfen o. Ä. beschwert werden, sonst fällt es durch das Eigengewicht des Armes sehr leicht um. Der Schließmechanismus kann eine Schlaufe aus Strick sein, ein Bügel oder auch ein Riegel. Die leichte Gängigkeit muss allerdings gewährleistet sein.

DIE AUFGABE

– Der Reiter muss in einem 90-Grad-Winkel im Galopp auf die Tormitte zureiten, mindestens fünf Meter vor dem Tor zum Schritt durchparieren und mit einer viertel Vorhandwendung das Pferd parallel zum Tor geschlossen hinstellen. Mit der rechten Hand (Linkshänder auch mit der linken Hand) wird der Schließmechanismus gelöst und das Tor vom Reiter weg geöffnet. Nach ein bis zwei Tritten rückwärts durch das leicht geöffnete Tor tritt das Pferd am Ende des Bügels um die Spitze herum, die Vorhand tritt dabei Richtung Torschließe. Gegebenenfalls muss man noch etwas seitwärts auf das Tor zureiten, um nah genug (parallel zum Seitenteil) zum Stehen zu kommen. Das Tor schließen. Das Wegreiten erfolgt wiederum in einem 90-Grad-Winkel im Schritt, nach ein paar Tritten wird angaloppiert.

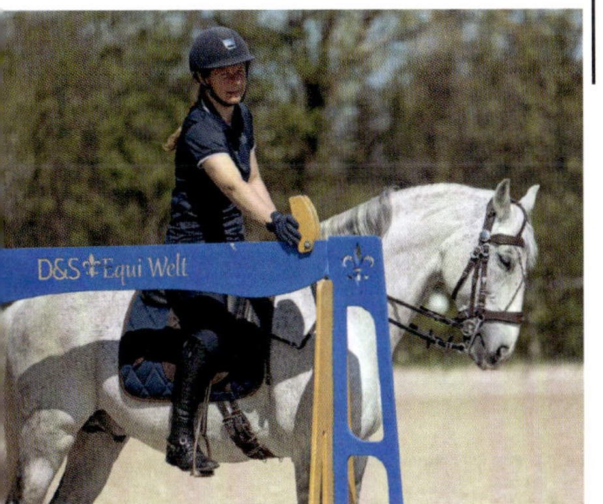

1

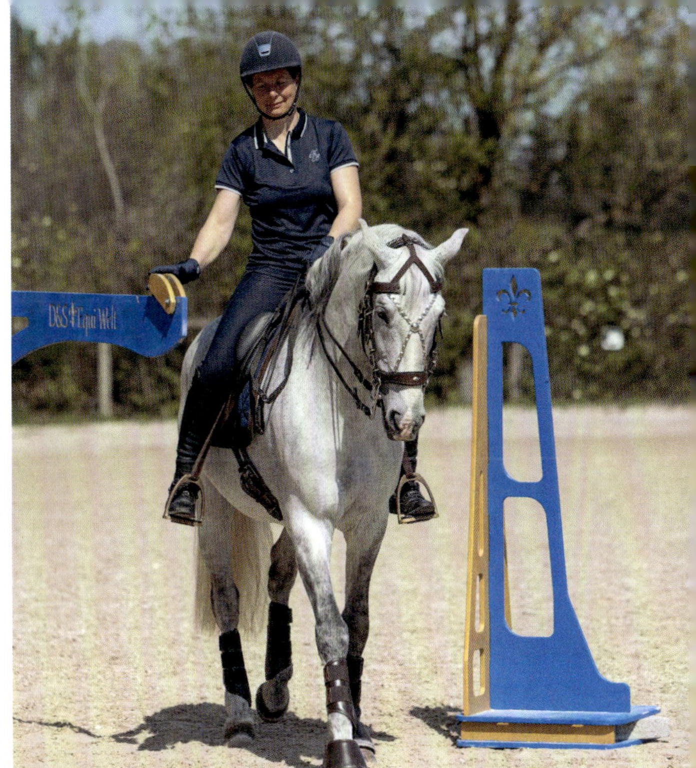

2

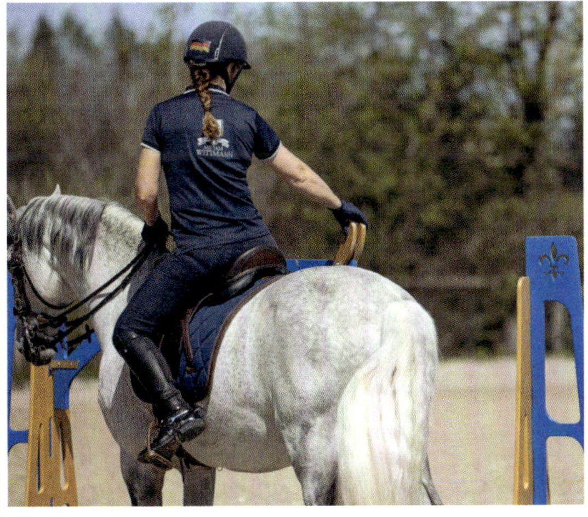

3

1 Vorwärts durch das Tor: Achten Sie darauf, dasss das Pferd parallel und nah genug am Tor steht.

2 Danach folgen wenige Tritte beim Durchreiten mit der Vorhand, das Tor sollte nur eine Pferdebreite geöffnet werden.

3 Beim Schließen ist das ruhige Stehen ein wichtiger Bestandteil der Aufgabe.

– Ab WL gibt es die Variante, das Tor rückwärts zu durchreiten. Der Ablauf ist genau umgekehrt: Das Tor öffnen, dann geht das Pferd rückwärts mit der Kruppe durch, die Vorhand dreht von der Torspitze weg und der Steigbügel wird wieder seitwärts neben die Schließe gebracht. Das Tor schließen.

– Eine weitere Variante ist es, das Tor zu sich her zu öffnen und dann durchzureiten.

– Man muss ausprobieren, welche Variante dem Pferd und dem Reiter besser passen. Es gibt Pferde, die sich schwertun, rückwärts durch das Tor zu gehen.

RICHTIG TRAINIEREN

Zu Beginn ist ein Seiltor die bessere und leichtere Variante für das Lernen der Abläufe. Der Reiter tut sich beim Durchreiten deutlich leichter, wenn er das Pferd noch mit beidhändiger Zügelführung reiten kann. Bei einem festen Tor sollte auf jeden Fall erst einmal eine Person den Torarm bewegen, damit der Reiter den Ablauf beidhändig üben kann. So vermeidet man die Situation des „Loslassen-müssens". Das Pferd lernt besser, durch die gewohnte Hilfengebung am Torarm zu bleiben. Soll das Pferd auf das Tor zutreten, lernt es auf diese Weise, dem Torarm zu folgen. Zuerst muss das Pferd verstehen, dass es nah genug und ruhig, entspannt neben dem Tor stehen bleiben soll, in der optimalen Position, damit der Reiter bequem das Tor öffnen kann. Das Pferd sollte das Tor möglichst nicht berühren. Man spielt den Ablauf mit vielen Pausen und in kleinen Schritten durch. Der Fluss kommt von ganz alleine, sobald das Pferd begreift, welcher Schritt der nächste ist.

Beim festen Tor ist es beim Wenden um die Torspitze sehr hilfreich, die Torspitze hinter das Knie zu drehen, dann kann das Pferd die Schulter frei zum Tor bewegen. Wenn der Reiter diese Maßnahme versäumt, wird die Torspitze das Drehen der Vorhand zum Tor verhindern (Verletzungsgefahr für Schulter des Pferdes und Knie des Reiters).

Tipp

Dieses Hindernis benötigt sehr viele Wiederholungen, um Pferd und Reiter die nötige Sicherheit zu geben.

Im Speedtrail ist das Seiltor Pflicht. Es hilft aber auch, den Ablauf des Hindernisses erst einmal zu üben.

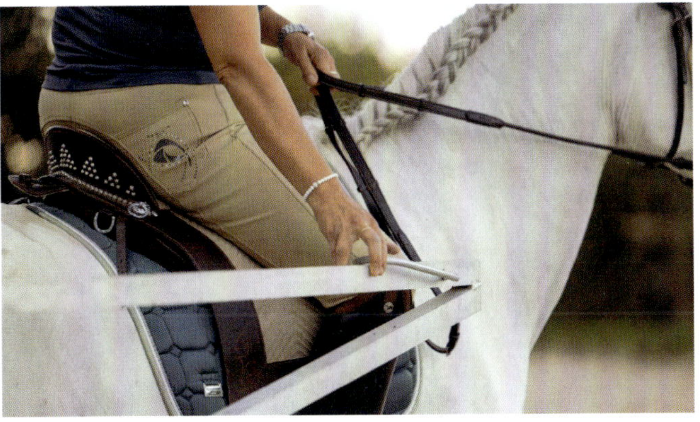

Gewusst wie: Dreht der Reiter die Torspitze hinter das Knie, dann kann er das Tor in einem Zug wieder schließen.

SINN DER TORES IM TRAIL

Der Ursprung dieses Hindernisses stammt aus der Rinderarbeit: Musste ein Reiter von einer Weide zur nächsten, sollte das Pferd das entstehende „Loch" im Zaun mit seinem Körper verschießen, um eine Vermischung der verschiedenen Rindergruppen zu verhindern.

Das Tor sollte nur so weit geöffnet werden, dass das Pferd durch die Öffnung hindurchpasst, da jeder unnötige Schritt eine Fehlerquelle darstellen kann und den zeitlichen Ablauf am Hindernis in die Länge zieht.

BEIM TURNIER

Das Tor ist von der Seite des Anritts rot-weiß markiert, die Nummer steht an der rechten Seite des Tors. Die Markierungen sind direkt am Tor angebracht, somit kann der Reiter frei wählen, wie nahe er an das Tor herangaloppiert. Ideal ist ein Abstand von etwa fünf Metern, dann bleibt noch genug Raum, die Vorhandwendung richtig einzuleiten.
Das Tor muss im Halten geöffnet werden. Falls das Pferd nicht ruhig steht, darf man es noch korrigieren. Auch das Schließen muss im Halt stattfinden. Wenige flüssige Schritte mit einem nur so weit geöffneten Tor, dass das Pferd hindurchpasst, gibt gute Punkte! Der Torbügels darf aber nicht losgelassen werden, ab der Klasse WL hat das sonst eine schlechtere Bewertung zur Folge. Fallen Seitenteile um, muss der Reiter absteigen – außer, er kann diese vom Pferd aus wieder anheben. Das Tor muss vor dem Einreiten in das nächste Hindernis wieder vollständig aufgebaut und der Bügel bzw. das Seil geschlossen sein.

DRESSUR-VARIANTEN

– Vor- und Hinterhandwendung im freien Raum;
– vorwärts durch das Tor reiten und danach gleich rückwärts zurück;
– anreiten im Galopp oder Trab, den Übergang zum Schritt variieren;
– anreiten im Schritt zum Halten, ohne durch das Tor zu reiten, danach wieder wegreiten (ruhiges Halten üben).

Brücke

Die Brücke kann aus Holz, Metall oder Kunststoff sein, sie ist mindestens zwei Meter lang und 1,20 Meter breit. Um die Brücke zu betreten, ist eine Art Rampe ideal, aber auch eine Stufe ist machbar. Die Oberfläche muss rutschfest sein. Ein Geländer sichert den seitlichen Rand der Brücke.

Im Galopp über die Brücke – das geht nur mit einem Pferd, das Vertrauen zu seinem Reiter hat.

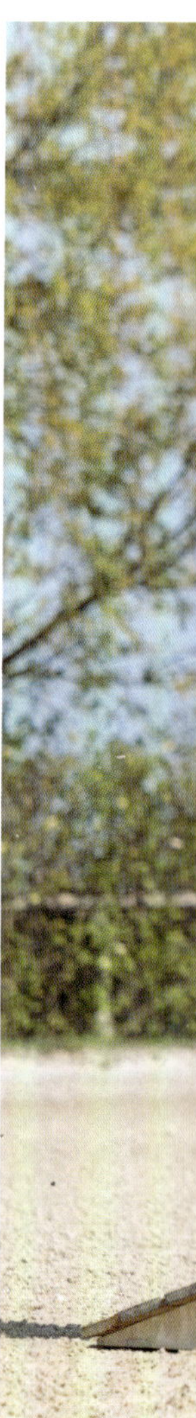

Hat man keine Brücke, kann man auch einfach mit einer Plane oder einer großen Tischdecke üben. Beides beschwert man seitlich mit Stangen. Auch Pressspanplatten aus Holz funktionieren gut, da sie das typische Geräusch der „richtigen" Brücke machen. Entscheidet man sich für stabile Paletten, verstärkt man sie zusätzlich mit Brettern und legt am besten noch Gummimatten darüber. Als Geländer eignen sich Cavaletti oder auch kleine Hindernisse.
Die Brücke kann mit vielen verschiedenen Dingen dekoriert werden, sodass sich immer wieder eine andere Optik ergibt. Dann wird auch eine bekannte Brücke niemals langweilig.

DIE AUFGABE

– Man nähert sich der Brücke im Trab oder Galopp. Einige Meter vor der Brücke pariert man zum Schritt durch und reitet gerade auf die Brücke zu. Das Pferd soll ohne zu zögern vertrauensvoll auf die Brücke zugehen, darauftreten und so auch die Brücke wieder verlassen. Dabei folgt es an einem leicht hingegebenen Zügel der Hand mit der Nase nach vorne-unten.
– Auf dem Weg über die Brücke bleibt der klare Schrittrhythmus erhalten.
– Nach der Brücke wird nach einigen Metern wieder angetrabt oder angaloppiert.

RICHTIG TRAINIEREN

Das Problem der Brücke ist oft die Bodenbeschaffenheit, die so anders ist. Es hilft, zuerst mit einem Teppich oder einer Plane zu trainieren. Wichtig ist es, als Erstes Vertrauen zu schaffen, am besten vom Boden aus. Ein Pferd ist immer mutiger, wenn jemand vorangeht (Achtung, manche Pferde springen am Anfang los, Verletzungsgefahr für den Menschen!). Bewältigt man die Brücke geführt, kann die gestellte Aufgabe auch vom Sattel aus erarbeitet werden.
Viele Pferde wollen die Brücke berühren, um festzustellen, was das eigentlich ist. Das sollte man am Anfang niemals unterbinden. Auch das angeborene Verhalten von Annäherung und Rückzug darf man nicht bestrafen:

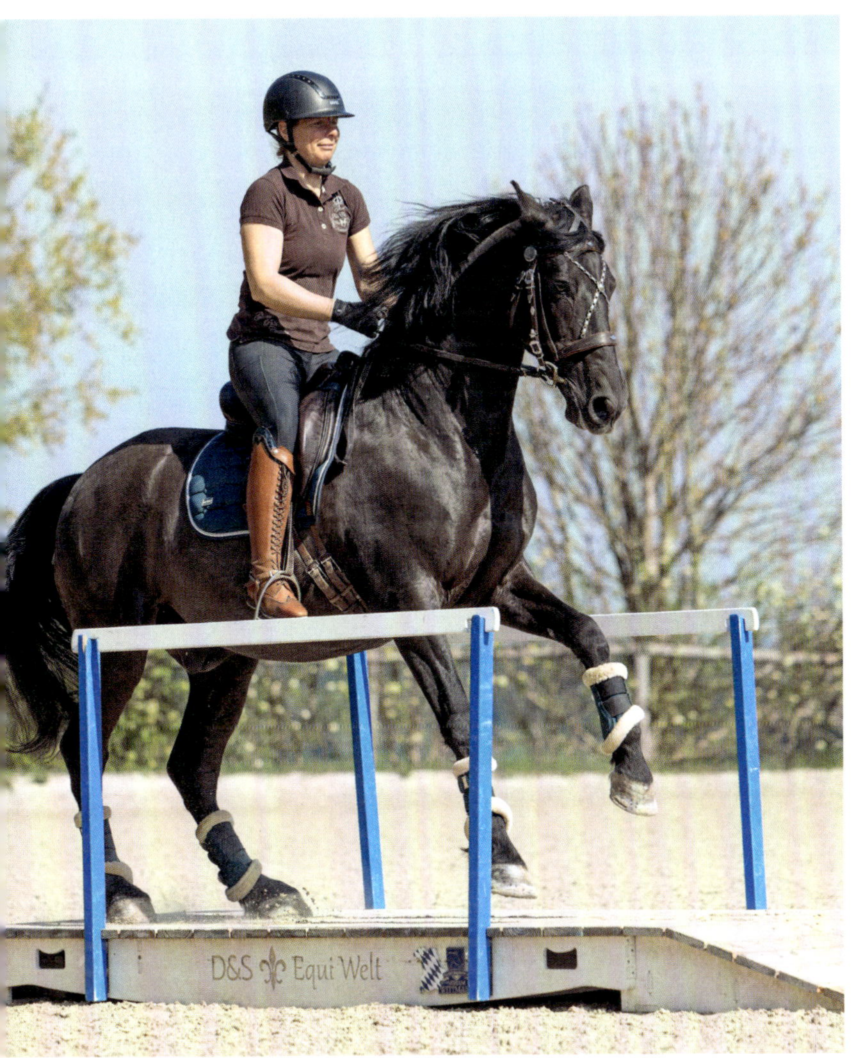

ANFORDERUNGEN

Anrittweg zur Brücke, Übergang zum Schritt, Betreten und Überwinden der Brücke, Takt und Losgelassenheit, Anlehnung

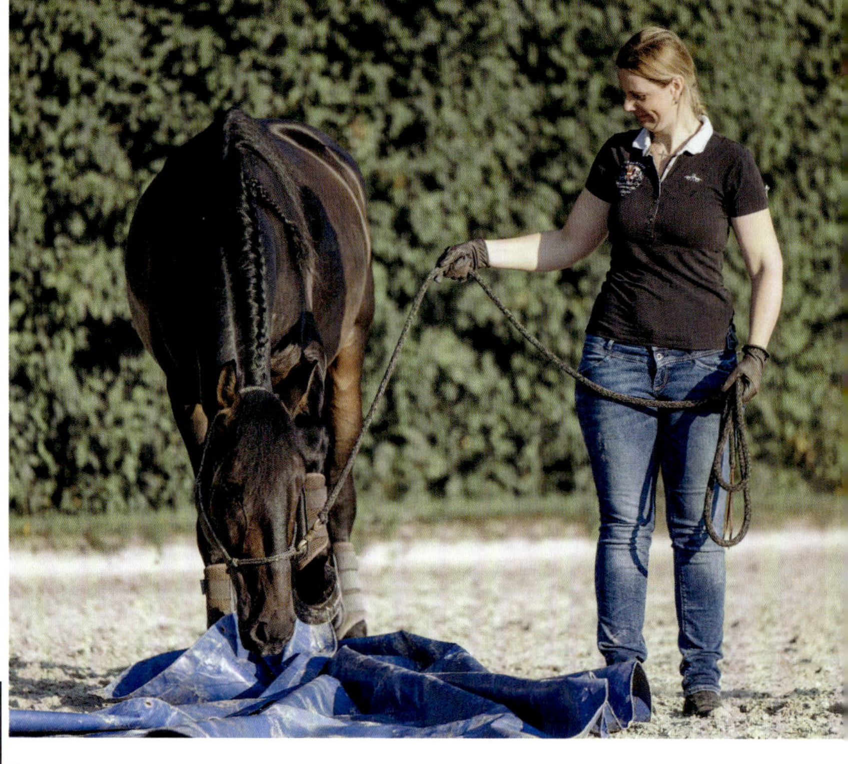

1

Tipp

Übt man mit Teppich oder Plane, hilft es, das Hindernis zunächst von der breiten Seite her zu überqueren und erst danach an der schmalen Seite zu starten.

Oft testen die Pferde das Material erst einmal mit einem Huf und treten dann wieder zurück. Der zweite Versuch ist dann meist schon mutiger und manche schaffen es, gleich über die Brücke/Plane zu gehen. Einfacher wird es auch, wenn man sicherstellt, dass der erste Versuch Richtung Ausgang stattfindet. Für das Pferd ist es immer leichter, eine anspruchsvolle Aufgabe in dieser Richtung zu bewältigen. Erst wenn das gut funktioniert, kann man es auch in die andere Richtung versuchen.

Ein Umkreisen des Hindernisses führt nicht zum Erfolg, das Pferd lernt dadurch nur, auszuweichen. Der Leitgedanke sollte immer sein, dass das Pferd von sich aus den Wunsch hat, über die Brücke zu gehen.

Erst wenn man das Hindernis in allen Richtungen entspannt im Schritt überqueren kann, versucht man es im Trab oder später im Galopp.

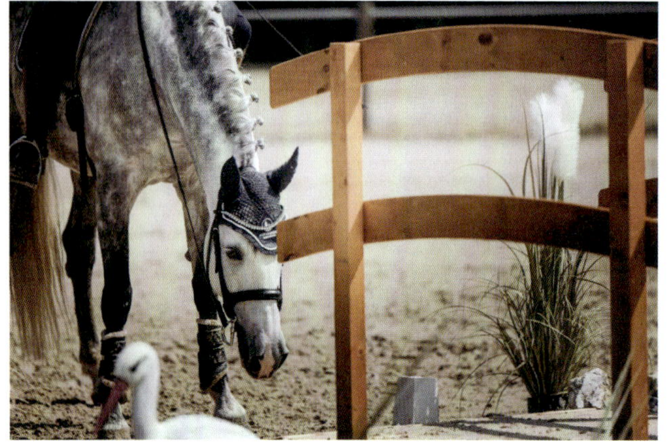

Auf einem Turnier kann auch die tolle Dekoration die Pferde zögern lassen.

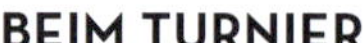

BEIM TURNIER

Die Brücke muss mindestens einen Meter vor und nach der Brücke rotweiß markiert sein. Die Markierungen gehören mit zum Hindernis, auch wenn sie etwas entfernt stehen. Diese

2

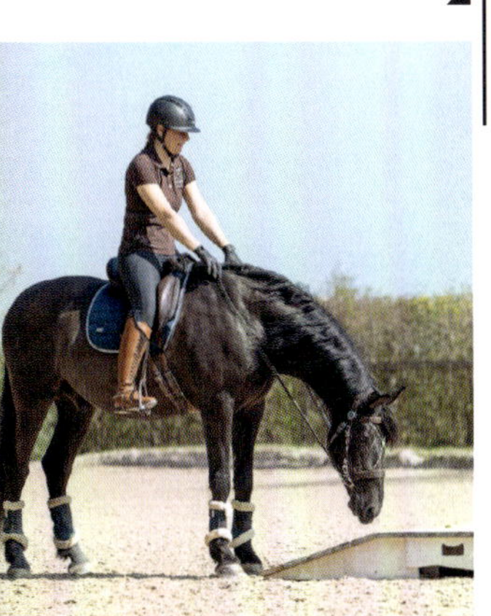

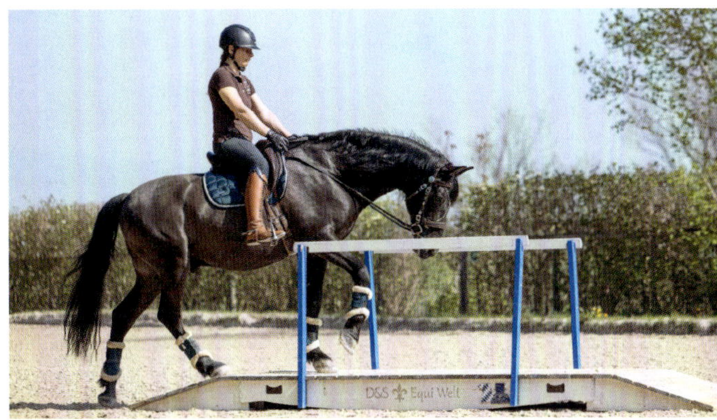

3

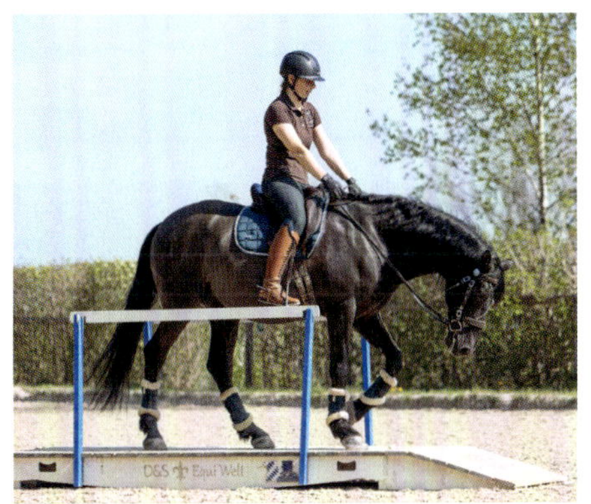

4

1 Es muss nicht immer eine Brücke sein, um das Überqueren von Unbekanntem zu trainieren.

2 Für das Pferd ist der andere Untergrund sehr spannend und bedarf der Kontrolle.

3 Deshalb sollten Sie immer mit lockeren Zügeln über die Brücke reiten.

4 Dann wird das Pferd dieses Hindernis entspannt überwinden.

Markierung ist der Hinweis für den Übergang: Sobald der Kopf des Pferdes über der Markierung ist, muss das Pferd im Schritt sein. Dasselbe gilt für das Ende der Brücke: Quert der Schweif die Ausreitmarkierung, wird wieder angetrabt oder angaloppiert.

Wenn man es nach einigen Sekunden nicht geschafft hat, auf die Brücke zu kommen, darf man noch zwei weitere Versuche machen – der dritte Fehlversuch führt zum Ausschluss. In den Klassen WE und WA kann man das Hindernis nach dem zweiten Fehlversuch auslassen, man ist dann nicht disqualifiziert, das Hindernis wird aber mit null Punkten bewertet.

Das Pferd muss mindestens mit einem Huf die Brücke deutlich berühren und nicht in einem großen Sprung „darüberfliegen", sonst gilt das Hindernis als nicht absolviert, ebenso müssen die rot-weißen Markierungen mit allen Beinen durchquert werden. Falls die Brücke nicht korrekt überwunden wird, beginnt man wieder am Anfang, andernfalls hat dies einen Ausschluss zur Folge.

DRESSUR-VARIANTEN

– Auf der Brücke zum ruhigen Stehen kommen;
– auf der Brücke rückwärtsrichten;
– über die Brücke traben oder galoppieren.

Glockengasse

Die Glockengasse wird aus Stangen gelegt. Sie muss 1,50 Meter breit sein, ab WM und WS 1,20 Meter. Gemessen wird von der Innenkante der Stange oder der Aufleger. Am Ende der Gasse hängt eine Glocke, idealerweise befestigt an einer Art „Galgen".

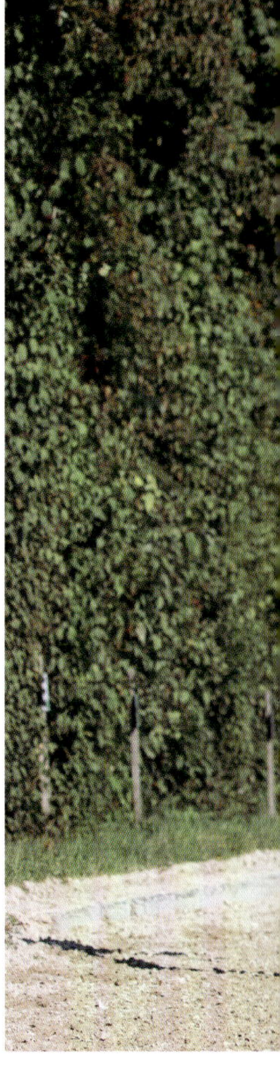

Ob gerade, im Winkel oder Zickzack: In der Mitte der Gasse ist man auf dem richtigen Weg.

Man kann dieses Hindernis mit normalen Hindernisstangen aufbauen: Bei einem geraden Aufbau werden zwei Stangen mit einer Länge von jeweils vier Metern benötigt. Wenn man das Hindernis mit einem Winkel gestaltet, sind zwei zusätzliche Stangen mit einer Länge von 2,50 Meter erforderlich. Hat man keine unterschiedlich langen Stangen, kann man den Aufbau auch mit gleich langen Stangen machen, in diesem Fall stehen die inneren Stangen etwas über. Die Stangen sollten leicht erhöht sein. Hierfür eignen sich kleine Cavaletti- oder Stangenblöcke, „Pippitöpfe" oder auch Holzwürfel mit einer leichten Einkerbung.

Um den „Galgen" zu befestigen, bietet sich ein Hindernisständer an, an dem die Glocke in einer guten Höhe über dem Pferdekopf angebracht wird.

DIE AUFGABE

Der Reiter nähert sich der Glockengasse in der Gangart, die seiner Leistungsklasse entspricht, und pariert vor der Glockengasse zum Schritt. So reitet er mittig hinein bis zur Glocke. Direkt an der Glocke wird gehalten (damit der Reiter sich nicht übermäßig aus dem Sattel bewegen muss), und die Glocke geläutet. Im Anschluss daran geht es rückwärts wieder aus der Gasse heraus und weiter zum nächsten Hindernis.

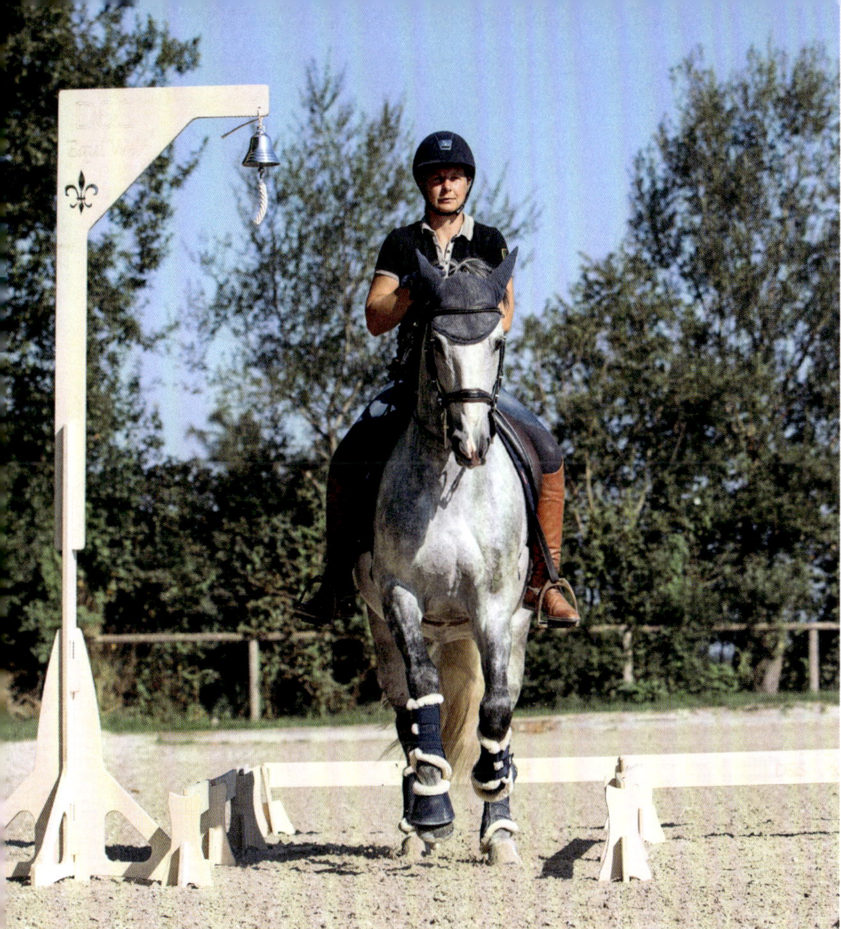

ANFORDERUNGEN

Anritt, Übergänge, Einreiten im Schritt, Halten und ruhig Stehen an der Glocke, gerades Rückwärtsrichten aus dem Hindernis heraus

RICHTIG TRAINIEREN

Der Anritt zum Hindernis erfolgt immer gerade, wichtig ist auch der rechtzeitige Übergang zum Schritt vor dem Hindernis. Geht das Pferd zögerlich durch die Gasse, so reitet man mehrmals ruhig hindurch, bis es Vertrauen fasst und die Enge der Gasse kein Problem mehr ist.
Ich empfehle gern, beim Halten an der Glocke viel „Entspannungszeit" einzuplanen und nicht gleich weiterzureiten. Falls das Pferd nach einigen Übungen schon selbstständig rückwärtsgeht, löst man nach vorn auf und beginnt noch einmal neu.
Das Rückwärtsrichten sollte flüssig und mit diagonalen Tritten erfolgen.

Tipp

Bereitet der Übergang vor dem Hindernis Probleme, übt man diesen an einer einzelnen Stange. So lernt das Pferd, das Hindernis ruhig im Schritt zu betreten.

Geht das Pferd nicht willig rückwärts, hilft eine Vorübung an der Wand: Man trainiert mit nur einer Stange, bis das Pferd verstanden hat, rückwärts in einem Engpass zu gehen.

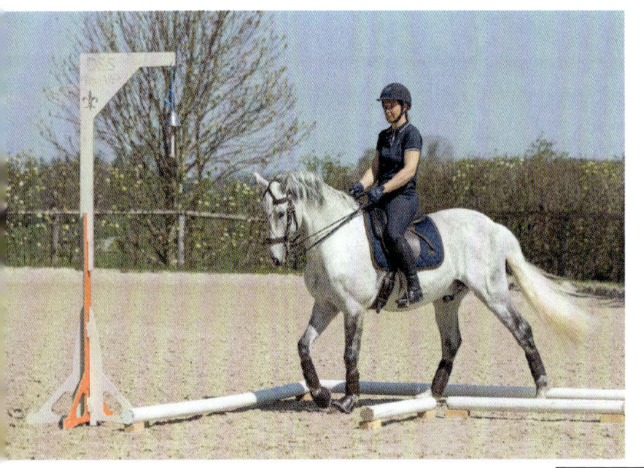

1

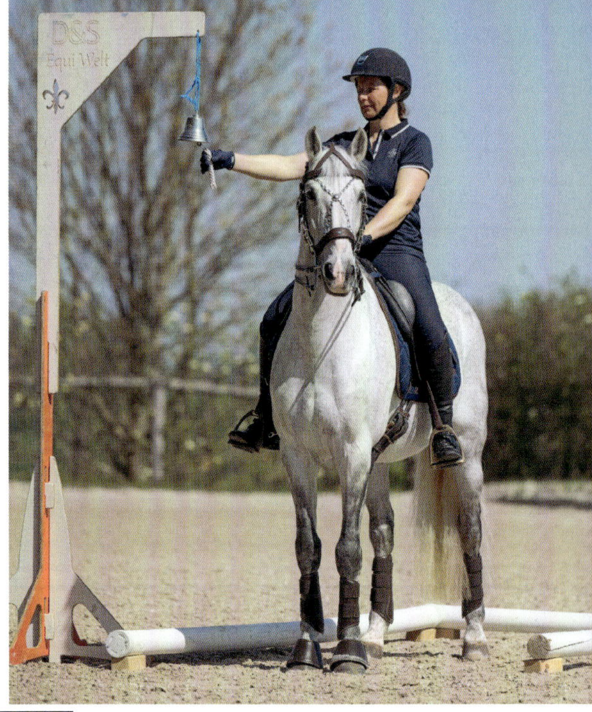

2

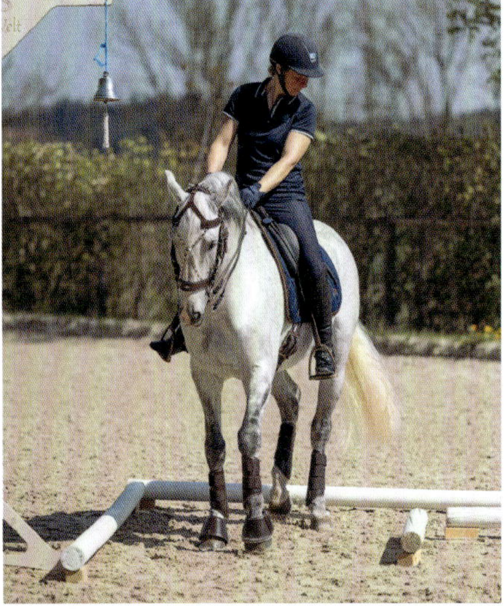

3

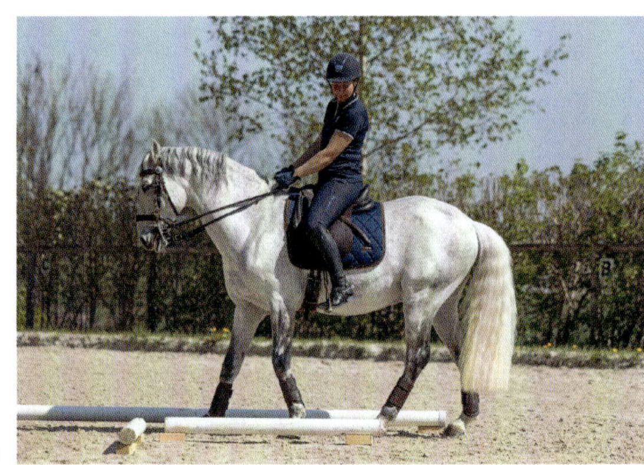

4

1 Das Einreiten in die Gasse muss mittig und rhythmisch erfolgen.

2 Ruhiges geschlossenes Stehen beim Läuten der Glocke, bevor es …

3 … rückwärts wieder aus der Gasse herausgeht; ohne Berührung der Begrenzungen enden,

4 … und das bis zum letzten Tritt.

RÜCKWÄRTS

Das Pferd soll beim leichten Annehmen des Zügels rückwärtsgehen. Die Schenkel halten es gerade, begrenzen es seitlich oder korrigieren gegebenenfalls. Zu viel Schenkeleinsatz im Rückwärtsrichten führt dazu, dass das Pferd den Schenkel nicht mehr als Auslöser für das seitliche Verschieben der Hinterhand (oder auch des ganzen Körpers) versteht.

Vielleicht ist auch eine Unterstützung vom Boden aus erforderlich. Wenn das Pferd dazu neigt, rückwärts zu stürmen, pariert man durch zum Halt und macht erst dann Tritt für Tritt weiter. Das Pferd soll lernen, jeden Schritt kontrolliert auszuführen. Bei Fehlern wie dem Herunterfallen einer Stange korrigiert man das seitliche Wegtreten sofort nach vorn. Nur so lernt das Pferd, die Stangen nicht zu berühren. Übergeht man diesen Fehler und reitet einfach zu Ende, versteht das Pferd nur, dass Rausgehen richtig ist.
Ein ständig wechselnder Blick auf beide Stangen beim Rückwärtsrichten bringt das Pferd aus dem Gleichgewicht. Besser ist es, sich auf eine Seite zu fokussieren und das Pferd parallel zu dieser Stange zu halten.

BEIM TURNIER

Die rot-weiße Markierung muss vor dem Eingang in der Verlängerung der Stangen platziert werden, die Nummer steht auf der rechten Seite. Die Markierungen gehören mit zum Hindernis, auch wenn sie etwas entfernt angebracht sind.

Die Begrenzung ist in Höhe und Stabilität variabel. Wichtig: genug Abstand halten, damit nichts umfällt!

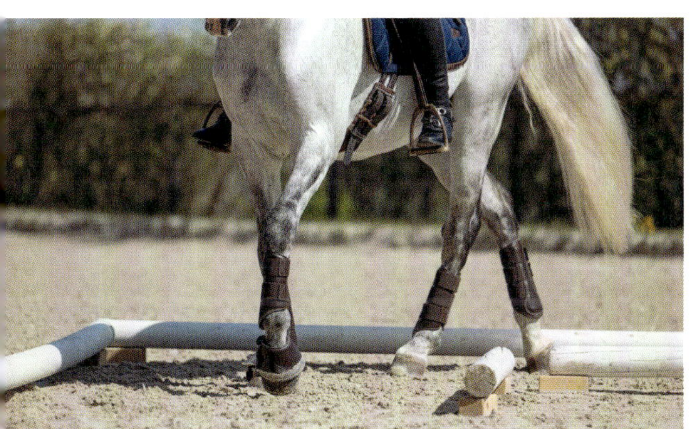

Der Übergang sollte so erfolgen, dass man bereits beim Durchreiten der Markierung im Schritt ist. Gut bewertet werden ein flüssiger Schritt und geschlossenes Stehen nach dem Halt. Um ein sicheres Halten des Pferdes zu demonstrieren, sollte man sich immer viel Zeit lassen beim Läuten.
Bei einer geraden Gasse mit nur zwei Stangen schaut man beim Rückwärtsrichten immer die Stange an, in deren Richtung man danach weiterreitet, d. h., folgt eine Rechtswendung, visiert man die rechte Stange an und umgekehrt. Bei einer gewinkelten Gasse ist es von Nutzen, sich nur auf eine Seite zu fokussieren, erfahrungsgemäß ist die innere Seite dafür mehr geeignet als die äußere: Der Blick auf die Wendung ist dann deutlich vor Augen.
Das Pferd soll solange rückwärtsgehen, bis alle vier Füße aus der Rotweiß-Markierung heraus sind. Dann erst wechselt man in die neue Richtung zum nächsten Hindernis.
Wenn eine oder mehrere Stangen herunterfallen, reitet man den idealen Weg weiter. Es muss nichts wieder aufgebaut werden.

DRESSUR-VARIANTEN

– eine Schaukel in der Gasse reiten, um gerades Rückwärtsrichten zu fördern;
– nur vorwärts durch die Gasse reiten, damit das Pferd nicht automatisch am Ende der Gasse zum Halten durchpariert;
– ein Z oder ein U mit den Stangen bauen, damit man in beide Richtungen rückwärtsrichten muss.

Krug

Auf einem etwa ein Meter hohem Tisch steht ein Krug, ein Bierglas oder auch eine Gießkanne. Das Gefäß muss in die Hand genommen, deutlich über den Kopf gehoben und wieder abgestellt werden. Wer möchte, darf dem Richter und dem Publikum mit dem Krug auch zuprosten …

Der Tisch kann auch ein großes Fass sein, Bierkisten oder Baumstümpfe erfüllen denselben Zweck. Wichtig ist, dass alles so stabil steht, dass es nicht umfällt oder vom Wind umgeblasen wird. Auch für den Krug sind verschiedene Alternativen erlaubt, solange man sie an einem Henkel gut greifen kann.

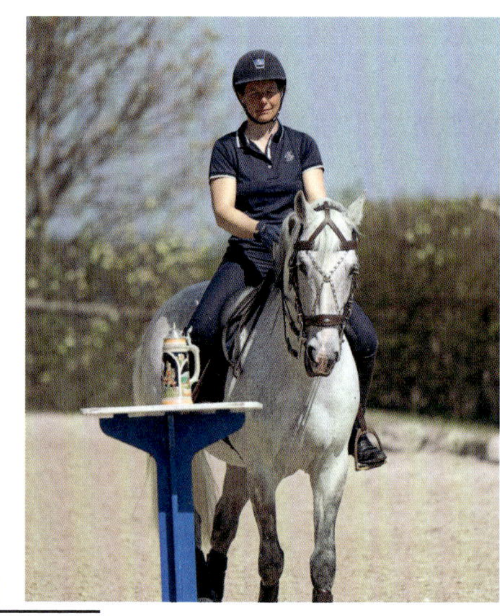

1

DIE AUFGABE

– Der Reiter nähert sich dem Tisch in der seiner Leistungsklasse entsprechenden Gangart, pariert davor zum Schritt durch oder kommt direkt neben dem Tisch zum Halt. In den Einsteigerklassen reitet man im Schritt an das Hindernis heran und pariert durch zum Halten links neben dem Tisch.

– Nun werden die Zügel in die linke Hand genommen, um die rechte Hand frei zu haben.

– Der perfekte Punkt zum Stehen erlaubt es dem Reiter, sich ohne große Verrenkungen herunterzubeugen, den Krug entspannt zu nehmen, deutlich über den Kopf anzuheben und dann wieder abzusetzen.

– Wenn der Krug anschließend sicher auf dem Tisch steht, ordnet man die Zügel und reitet im Schritt weiter.

– Das Pferd darf den Tisch nicht berühren und natürlich erst recht nicht umwerfen.

2

1 Der richtige Anreitwinkel ist in gerader Linie bis zum Tisch.

2 Ruhiges und geschlossenes Stehen – dann können Sie leicht den Krug ergreifen.

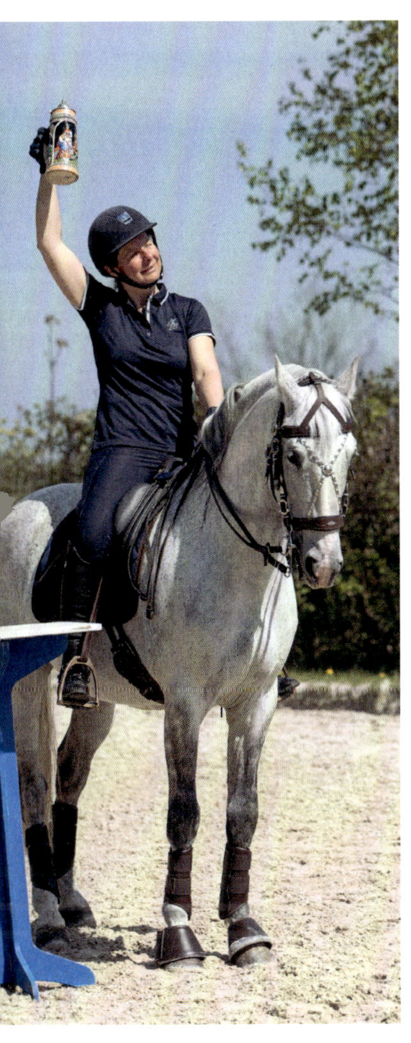

RICHTIG TRAINIEREN

Der Anritt sollte immer in einer einfachen Linie gewählt werden, um einen flüssigen Ablauf zu gewährleisten. Der Übergang muss geschmeidig sein. Klappt das noch nicht, übt man am besten erst ohne Hindernis, denn am Tisch ist wenig Spielraum für Korrekturen. Am besten funktioniert das mit einer Pylone: Man reitet gezielt darauf zu und versucht, genau daneben stehen zu bleiben. Wenn das gelingt, kann man wieder an den Tisch zurückkehren.

Steht das Pferd ruhig neben dem Tisch, legt der Reiter eine Hand auf den Krug. Viele Pferde können diese Situation nicht einschätzen und werden unsicher. Bleibt das Pferd gelassen, hebt man den Krug ein wenig an. Wenn auch das kein Problem ist, nimmt man im nächsten Versuch den Krug höher und stellt ihn wieder ab. Steht das Pferd nach dem Abstellen immer noch entspannt, reitet man im Schritt geradeaus wieder los.

Steht das Pferd nicht ruhig neben dem Tisch, dann übt man zuerst nur das. Manchmal hilft es, den Tisch mit positiven Dingen wie „Essen" zu verknüpfen, aber bitte nichts auf den Tisch legen, sonst wirft das Pferd womöglich alles um! Am besten erwartet eine Person das Pferd am Tisch

ANFORDERUNGEN

Anritt, Übergang zum Schritt oder zum Halt, gute Position am Tisch, ruhiges und geschlossenes Stehen des Pferdes, Wegreiten

Tipp

Achtung: Der Schweif kann den Krug durchaus „herunterwedeln". Deshalb ist Konzentration gefragt, auch beim Wegreiten.

und gibt ihm vom Boden aus etwas Leckeres.
Schafft es das Pferd nicht, ruhig stehen zu bleiben, sollte es solange korrigiert werden, bis es still auf vier Füßen steht. Erst dann wird gelobt und erst dann reitet man weiter. Das Pferd soll lernen, dass die Lösung „ruhiges Stehen“ ist und nicht herumtänzeln, bis es weitergeht.
Bei Problemen muss man sich Ruhe und Zeit nehmen und darf nicht ungeduldig werden. Das Pferd soll den Tisch als Pausenplatz sehen, hier darf es sich entspannen.

Auch wenn Sie den Krug anheben, muss das Pferd vertrauensvoll an seinem Platz stehen bleiben.

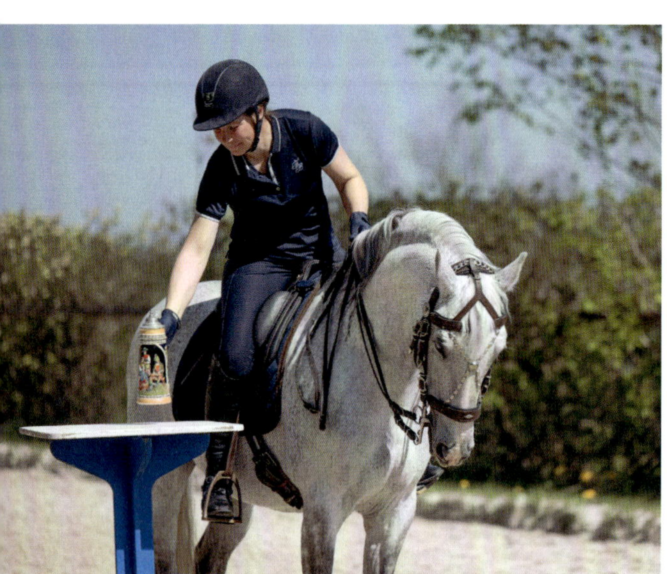

NICHT UNTERSCHÄTZEN

Dieses Hindernis erscheint einfach, davon darf man sich aber nicht täuschen lassen. Die Aufgabe, exakt an einem Punkt ruhig und im richtigen Winkel zu stehen, erfordert schon ein hohes Maß an Vertrauen und Gehorsam. Deshalb ist das Anreiten eines konkreten Punktes im freien Raum eine wichtige Übung. Hierfür kann man spielerisch sogar einen Hufabdruck im Sand nutzten.

BEIM TURNIER

Dieses Hindernis muss rot-weiß markiert sein, außer in WM und WS (hier wird bis zum Halt hingaloppiert). Die Nummer ist auf der rechten Seite neben dem Hindernis platziert. Die rot-weiße Markierung zeigt den Punkt an, an dem der Reiter zum Schritt durchparieren soll. Nach dem Durchreiten der Markierung im Schritt nähert man sich dem Tisch und pariert seitlich dazu in der optimalen Position zum Halten durch. Die Zügel werden in Ruhe in die vom Tisch abgewandte Hand genommen, so, dass noch etwas Einwirkung besteht. Erst wenn das Pferd ruhig steht, geht es weiter: Man greift den Krug mit der rechten Hand (Linkshänder mit der linken Hand, allerdings müssen sie dann auch auf der rechten Seite des Tisches stehen!) und hebt ihn deutlich über die Schultern an. Vorsicht, falls der Krug mit Flüssigkeit gefüllt ist! Verkantet man und es tropft etwas heraus, wird das Pferd nicht erfreut sein! Anschließend stellt man ihn sicher zurück auf den Tisch, er darf nicht kippen oder herunterfallen. Dann nimmt man die Zügel wieder in beide Hände, stellt das Pferd an die Hilfen und reitet vom Tisch weg.
Der Ausritt ist wieder mit rot-weißer Markierung versehen. Hat man diese durchritten, trabt oder galoppiert

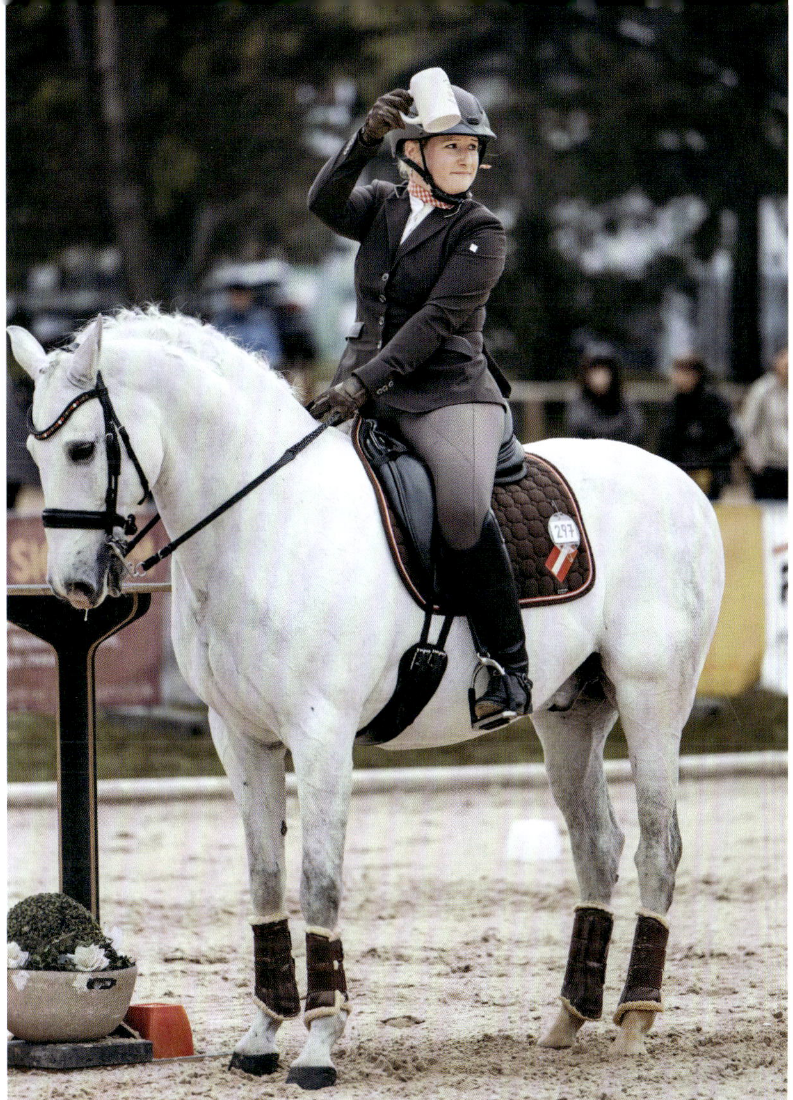

Am Turnier ist das deutliche Anheben über den Kopf für Richter und Zuschauer gut ersichtlich.

man an. Wichtig ist nach dem Wegreiten ein Kontrollblick zurück: Ist alles stehen geblieben? Falls nicht, heißt es: sofort zurückreiten! Liegt der Krug am Boden, steigt man ab, mit dem Krug wieder auf und platziert ihn vom Pferd aus wieder auf dem Tisch. Ist der ganze Tisch umgefallen, muss man ebenfalls absteigen, den Tisch aufstellen, mit dem Krug aufsteigen und ihn vom Pferd aus auf den Tisch stellen. Bringt man dieses Malheur nicht wieder wie beschrieben in Ordnung, ist man disqualifiziert, sobald man in das nächste Hindernis hineinreitet!

DRESSUR-VARIANTEN

– Den Krug mehrfach umrunden;
– in gerader Linie auf den Tisch zureiten und ihn umrunden, ehe man zum Halten durchpariert;
– den Krug mehrmals anheben, um ruhiges Stehen zu üben;
– das Pferd seitlich zum Krug hintreten lassen und wieder weg.

Rückwärtsslalom

Für den Rückwärtsslalom benötigt man sechs Pylonen oder Blöcke, in die Stangen mit einer Höhe von etwa zwei Metern gesteckt werden. Jeweils drei Pylonen werden mit einem Abstand von 2,50 Meter in zwei Reihen aufgestellt. Sie bilden so eine Gasse, die zwei Meter (WE bis WL) bzw. 1,50 Meter (WM und WS) breit ist.

Um einen Rückwärtsslalom aufzubauen, sind der Fantasie sind keine Grenzen gesetzt: Man kann Hindernisständer verwenden oder auch Blumentöpfe, in die Besenstiele oder Rosenstangen einbetoniert werden. Statt einem normalen Becher eignet sich auch eine Futterkelle, ein Hut oder ein anderes Kleidungsstück.

DIE AUFGABE

– Der Reiter kommt in der Gangart seiner Leistungsklasse auf die Gasse zu und pariert vor den ersten Stangen durch zum Schritt. Im Schritt geht es in die Gasse und weiter bis an das andere Ende, dort pariert er direkt neben dem Becher zum Halten. Der Reiter nimmt den Becher auf der Seite auf, auf der der Slalom geritten wird.

– Jetzt wird zuerst nur die Hinterhand mit einer viertel Vorhandwendung (ohne rückwärts!) auf der Stelle nach außen verschoben, dann gerade rückwärts aus der Gasse herausgeritten, soweit, bis die Hinterhand sicher außerhalb der Gasse ist.

– Nun wird die Vorhand mit einer viertel Hinterhandwendung nachgezogen, bis das Pferd parallel zur Gasse steht.

Das flüssige Rückwärtsrichten durch die Stangen hindurch bedarf guter Vor- und Hinterhandkontrolle.

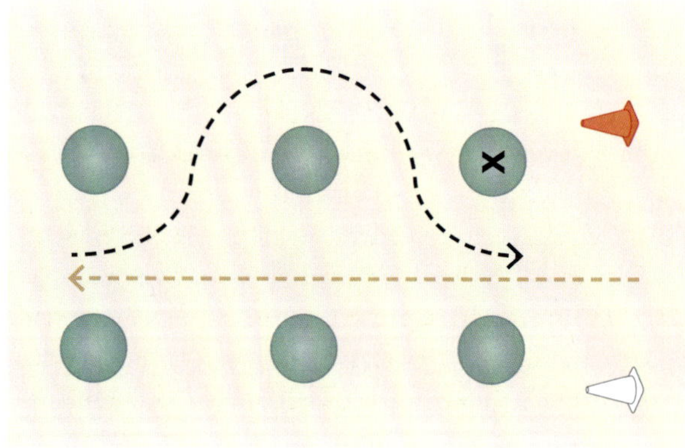

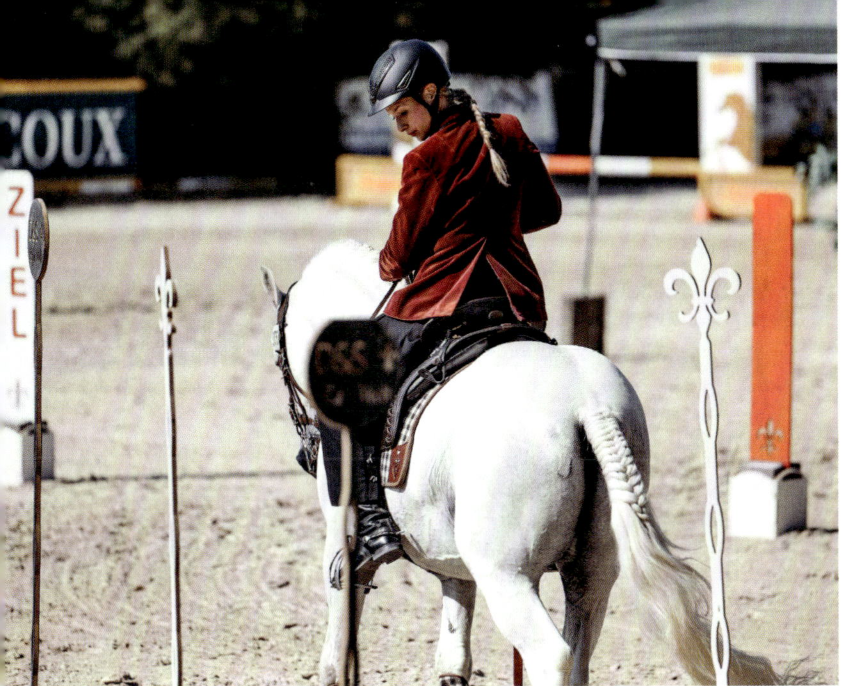

Der Blick nach hinten auf die Linie hilft Ihnen bei der Orientierung zwischen den vielen Stangen.

ANFORDERUNGEN

Anritt mit Übergang, Einritt bis ans Ende, Rückwärtsrichten, Stellung und Biegung und Wechseln, Bewegungsfluss, Stillstehen beim Becher am Anfang und am Ende der Gasse

– Es folgen zwei bis drei Schritte rückwärts, parallel zur mittleren Stange, bis die Hinterhand zwischen der zweiten und dritten Pylone ist.
– Jetzt wird die Vorhand wieder nach außen verschoben, sodass sich das Pferd im besten Winkel befindet, um wieder gerade in die Gasse hineintreten zu können. Achtung: Wenn man an dieser Stelle statt der Vorhand die Hinterhand verschiebt, kommt man unter Umständen den beiden Stangen zu nah, sie könnten umfallen!
– Passt der Winkel wieder, wird weiter rückwärts geritten, bis die Hinterhand zwischen den letzten Stangen steht. Hier wird wieder die Vorhand mit einer viertel Hinterhandwendung in die Gassenmitte gebracht.
– Erst wenn das Pferd wieder ganz in der Mitte der Gasse steht, wird weiter rückwärtsgerichtet, bis der Reiter genau zwischen den letzten Stangen steht.
– Der Becher wird auf der gleichen Seite abgestellt, auf der man ihn aufgenommen hat.
– Anschließend muss der Reiter noch so viele Tritte rückwärtsrichten, bis auch der Pferdekopf ganz aus der Gasse heraus ist.

RICHTIG TRAINIEREN

Man beginnt, indem man im Schritt mehrmals durch die Gasse reitet. Das baut Vertrauen auf.

Ist das Pferd im Engpass entspannt, bleibt man am Ende der Gasse stehen und richtet zunächst gerade rückwärts bis zu den ersten Stangen, dort pariert man zum Halten durch. Klappt das ohne Becher, versucht man es mit, das heißt: Becher aufnehmen und wieder absetzen. So sieht tatsächlich auch die Anforderung des Hindernisses in der Einsteigerklasse aus, allerdings ist dieses Hindernis nicht unbedingt für Einsteiger geeignet.

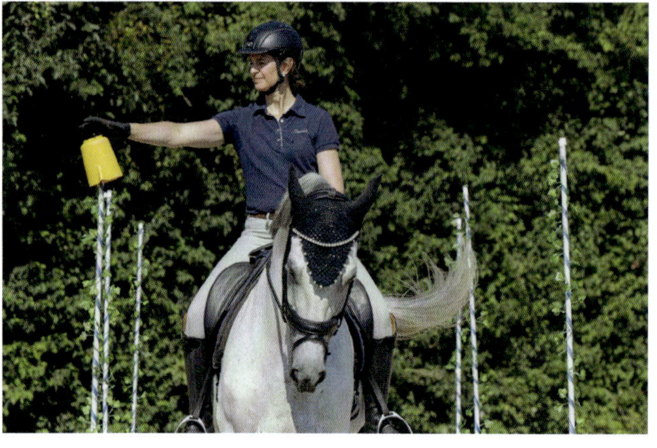

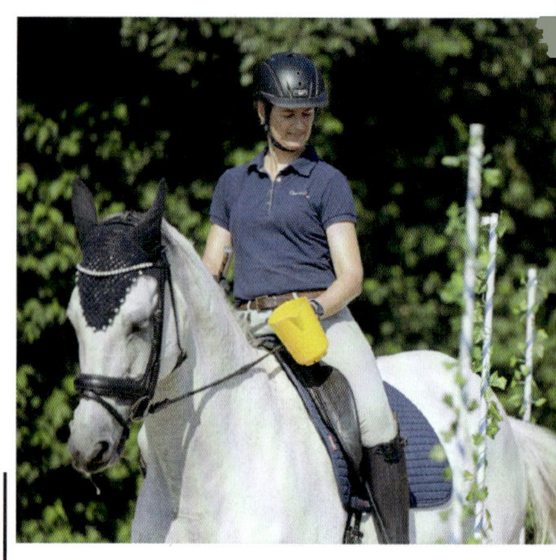

1 Beim Aufnehmen des Bechers steht das Pferd ruhig zwischen den vorderen Stangen.

2 Im nächsten Schritt geht es rückwärts durch die drei Stangen der gewählten Seite.

3 Dann können Sie den Becher auf der letzten der Stangen Ihrer Seite wieder abstellen.

Erst wenn das gut funktioniert, werden die einzelnen Schritte des Slaloms geübt. Wichtig: An den Drehpunkten wird immer eine Pause eingelegt. Funktioniert ein Schritt nicht, verlässt man die Gasse und übt den Ablauf erst einmal außerhalb.

Es ist wichtig, das Verlassen des Hindernisses als Erstes zu üben, denn das fällt dem Pferd sichtlich leichter. Dazu reitet man zunächst vorwärts hinein und dann rückwärts gerade wieder heraus. Im nächsten Schritt kann man einige Male entlang der Gasse rückwärts reiten. So merkt das Pferd, dass die Aufgabe darin besteht, am Hindernis zu bleiben (und nicht darin, sich mehr davon zu entfernen). Der letzte und schwierigste Schritt ist das Rückwärtseinfädeln am Ende der Gasse. Hier braucht es oft Geduld: Das Pferd sieht in diesem Bereich hinter sich nicht sehr viel und es kostet ein Fluchttier Überwindung, rückwärts in einen Engpass zu gehen.

Erst wenn alle einzelnen Schritt gut funktionieren, kann man sie zusammensetzen. Bitte mit häufigen Pausen, das bestärkt das Pferd in seinem Tun. Nur wenn der Ablauf einfach wirkt, kann es in einem Fluss versucht werden.

Tipp

Bewältigt das Pferd das rückwärtige Einfädeln in den Engpass nicht am Hindernis, kann man den Aufbau ändern: Man stellt eine Pylone im etwa gleichen Abstand zum Hufschlag und übt das Rückwärtsrichten zunächst dort. Oft hilft das dem Pferd, Vertrauen zu fassen und es zu probieren.

BEIM TURNIER

Das Hindernis muss mit einer rot-weißen Markierung gekennzeichnet sein. Die Nummer steht am Einritt auf der rechten Seite.

Der Reiter galoppiert auf einer geraden Linie auf den Einritt zu und pariert das Pferd frühzeitig durch, so, dass es im sicheren Schritttakt ist, bevor sein Kopf die Markierung passiert. In einem gleichmäßigen Schritt wird

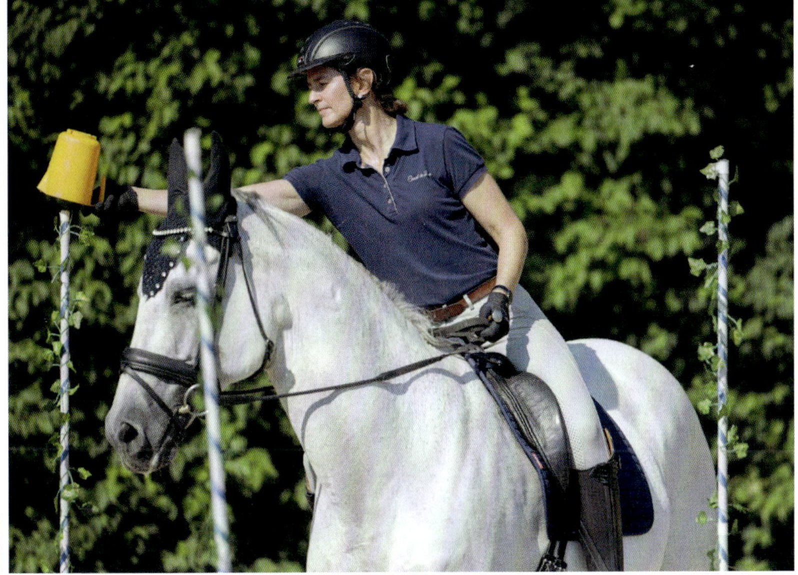

3

bis zum Ende der Gasse weitergeritten. Das Halten sollte so aussehen, dass das Pferd in der Mitte der Gasse gerade und geschlossen zum Stehen kommt. Die Stangen mit den Bechern müssen auf Kniehöhe des Reiters sein. Nun nimmt der Reiter als Rechtshänder den rechten, als Linkshänder den linken Becher und beginnt mit dem Rückwärtsslalom auf der Seite, auf der er den Becher genommen hat. Hat er den Becher erst einmal in der Hand, kann nicht mehr getauscht werden. Nachdem der Reiter durch den Slalom rückwärts am Anfang der Gasse wieder angekommen ist, sollte das Pferd sich entspannt zwischen die letzten beiden Stangen stellen, in der gleichen Position wie beim Becher aufnehmen, mittig, gerade, geschlossen. Jetzt kann der Reiter den Becher auf der gleichen Seite wieder abstellen.
Im Anschluss geht man zum Verlassen des Hindernisses soweit rückwärts, bis man aus der rot-weißen Markierung herausgeritten ist, wendet das Pferd und reitet zum nächsten Hindernis.

WENN STANGEN UMFALLEN

Bei diesem Hindernis müssen manche Stangen aufgestellt werden, wenn sie umfallen. Allerdings sind die Regeln in den verschiedenen Ländern unterschiedlich, deshalb ist es wichtig, bei der Parcoursbegehung nachzufragen, welche Stangen auch liegen bleiben dürfen. Das Einzige, was länderübergreifend gleich ist: Die Stange, die zum Abstellen des Bechers dient, muss auf jeden Fall stehen, der Becher muss auf der Stange sein. Falls dies nicht so ist, führt das zur Disqualifikation. Daher steigt der Reiter ggf. ab, stellt die Stange wieder auf, sitzt mit dem Becher aufs Pferd und setzt ihn vom Pferd aus auf die Stange.

DRESSUR-VARIANTEN

– Schlangenlinie durch alle Stangen reiten;
– durch die Gasse gerade durchreiten, ohne zu halten;
– Schlangenlinie nach vorne durch reiten;
– Schaukel im Rückwärtsrichten durch das Hindernis reiten, geradeaus oder in Schlangenlinien.

Sidepass

Beim Sidepass tritt das Pferd ohne zu stocken seitwärts über eine Stange. Das kann im Schenkelweichen oder traversartig sein, je nach Klasse. Die Stange aus Holz oder Kunststoff ist etwa vier Meter lang und durch Auflagen an jedem Ende auf etwa fünf Zentimeter erhöht.

ANFORDERUNGEN

Anritt zur Stange, Drehung vor und nach der Stange, Position zur Stange, das Schenkelweichen oder auch Travers, Fluss und Takt, Stellung und Biegung, Kreuzen der Vorder- und Hinterbeine

Dieses Hindernis kann auch aus zwei einzelnen Stangen bestehen: entweder eine für jede Richtung oder beide aufgebaut in L-Form, was ab der Klasse WL erlaubt ist. Handelsübliche Springstangen entsprechen den Anforderungen. Als Auflagen kann man kleine Cavaletti-Blöcke nehmen, Pippitöpfe oder man sägt einen kleinen Keil in Holzscheiben.

DIE AUFGABE

Variante 1: eine Stange

– Der Reiter nähert sich im Galopp dem einen Ende der Stange, pariert durch zum Schritt und reitet im Schritt auf die Stange zu.
– Das Pferd sollte ca. einen Meter vor der Stange in eine seitliche Position gebracht werden, die Vorderbeine auf der einen und die Hinterbeine auf der anderen Seite der Stange. Perfekt ist es, wenn die Stange unter der Ferse des Reiters ist (da der Reiter tendenziell mehr auf der Vorhand des Pferdes sitzt und nicht genau in der Mitte des Rückens).
– Das Pferd sollte schon einige Schritte vor dem Anfang der Stange im Schenkelweichen (WA und WL) auf die Stange zugeritten werden.
– Die Vorhand muss etwas führen, damit es dem Pferd leichter fällt, die Tritte seitlich zu setzen. Das jeweils nachtretende Bein kann durch den leichten Winkel besser vor das vortretende Bein gesetzt werden.
– Am Ende der Stange reitet man noch einige Schritte seitwärts weiter, um auf der sicheren Seite zu sein und nicht im letzten Moment noch die Stange herunterzuwerfen.

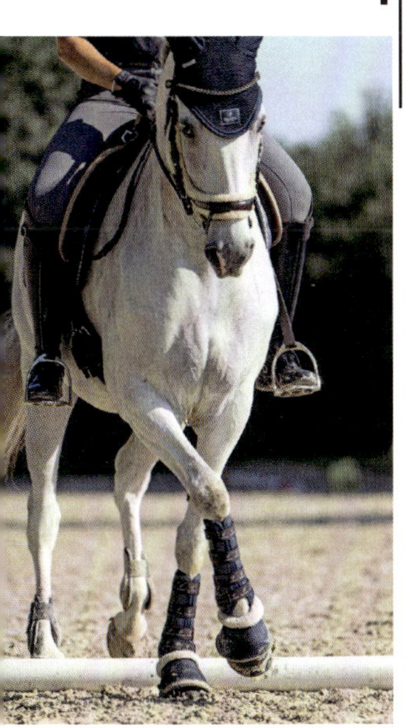

1

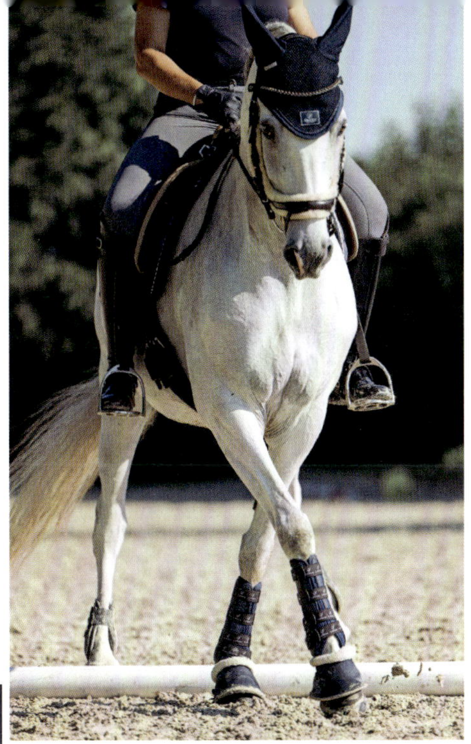

2

1 Der richtige Winkel über der Stange ist sehr wichtig …

2 …, damit es dem Pferd möglich ist, die Vorderbeine zu überkreuzen.

3 Dann fällt es dem Pferd leicht, seitwärts über die Stange zu gehen.

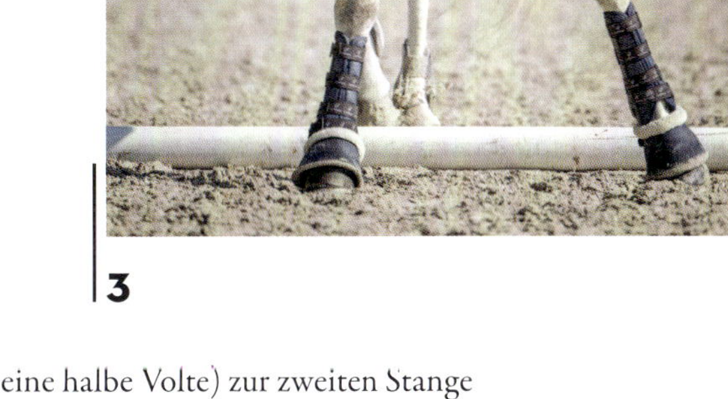

3

Tipp

Der Blick des Reiters ist während der ganzen Zeit auf der Stange und bleibt immer in der Richtung, in die der Reiter reitet. Nie nach hinten schauen!

– Nach dem Verlassen der Stange wird das Pferd geradegerichtet, man reitet im Schritt vom Hindernis weg, galoppiert dann an und wendet sich dem nächsten Hindernis zu.

Variante 2: zwei parallele Stangen

Bei zwei parallel liegenden Stangen muss man nach der ersten bewältigten Stange in einem kleinen Bogen (wie eine halbe Volte) zur zweiten Stange reiten. Währenddessen kann man das Pferd umstellen und somit den Eintritt in die neue Stange vorbereiten.

Variante 3: Stangen-L

Beim Stangen-L muss man je nach Richtung entweder die Vorhand oder die Hinterhand um den Winkel herumführen.

RICHTIG TRAINIEREN

Der Sidepass ist ein Hindernis, das für manche Pferde sehr gruselig ist. Ein Pferd ist ein Fluchttier und daher nicht immer sehr entspannt, wenn sich etwas unter seinem Bauch befindet. Deshalb sollte man sich viel Zeit und Ruhe für diese Aufgabe nehmen. Am schwierigsten ist es tatsächlich für Springpferde: Sie haben gelernt, immer über die Stange zu laufen. Mit viel Geduld und Verständnis begreifen aber auch sie die neue Herausforderung.
Als Erstes übt man entlang einer Wand ein sehr steiles Schenkelweichen. Funktioniert das gut, kann man die Übung entlang (noch nicht über!) einer Stange ausprobieren. Die Stange liegt parallel zum Hufschlag oder, wenn das Schenkelweichen schon gut klappt, im freien Raum.

Vorüberlegungen

Wenn das Pferd dem rechten Schenkel besser weicht, sollte sich der Reiter mit seinem Pferd am linken Ende der Stange über die Stange stellen und versuchen, das Pferd mit einigen Tritten nach links zu bewegen. Und umgekehrt: Möchte man dem linken Schenkel weichen lassen, beginnt man am rechten Ende der Stange. Gut trainieren bedeutet: vorher überlegen und dann mit der für das Pferd leichteren Seite beginnen.
Nach einigen Wiederholungen an der Stange entlang geht man weiter zum nächsten Schritt: Schenkelweichen über der Stange. Da Schenkelweichen meist in eine Richtung besser funktioniert, startet man in dieser Richtung. Jeder kleine Schritt in die richtige Richtung muss sofort belohnt werden!

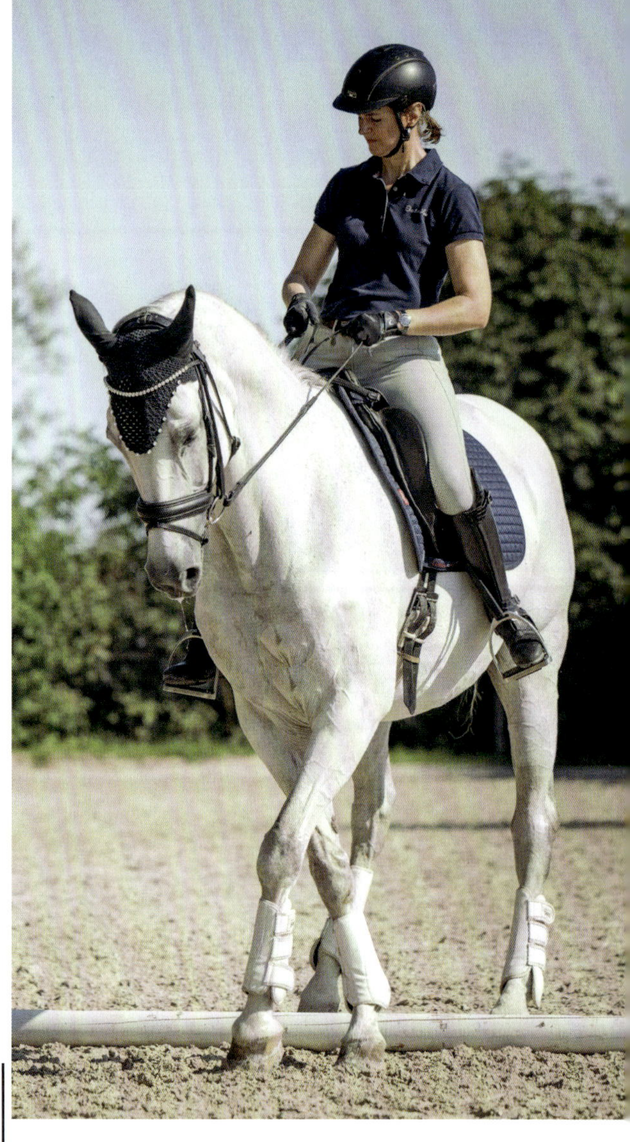

1

Tipp

Wichtig: Es kommt nur der seitwärtstreibende Schenkel zum Einsatz, der andere Schenkel ist völlig passiv oder sogar deutlich vom Bauch weggehalten, damit das Pferd nur die Seitwärtsbewegung versteht und nicht die Information von „vorwärts“ bekommt.

1 Sidepass kann nach rechts geritten werden im Schenkelweichen …

2 … aber auch nach links. Mit dem Blick zur Stange behalten Sie die korrekte Position im Auge.

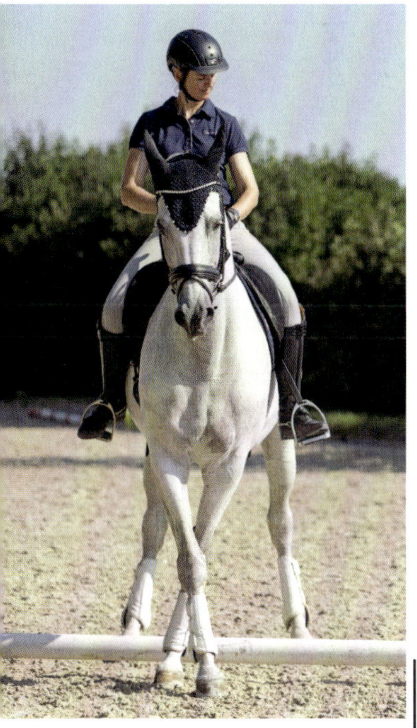

2

AM BODEN

Manche Pferde tun sich leichter, wenn dieses Hindernis zunächst vom Boden aus erarbeitet wird, bis die Aufgabe verstanden ist. Hierfür stellt man sich in Höhe der Schulter und begrenzt das Pferd auf dieser Seite leicht mit der Gerte. Es wird belohnt, sobald das Pferd einen Schritt vom Menschen weggeht. Nun kann man dies von der Stange herunter am kürzeren Ende üben. Gerade vom Boden aus ist der Lerneffekt besonders bei dominanteren Pferden sehr hilfreich.

Nach einigen erfolgreichen Versuchen kann die Anfangsposition immer mehr in die Mitte der Stange verlegt werden, dann immer weiter bis an das rechte (bei besserem Schenkelweichen nach links) bzw. linke Ende (bei besserem Schenkelweichen nach rechts). Nach und nach versteht das Pferd, dass der Weg von der Stange weg nur im Seitwärts funktioniert. Dann kann man allmählich mehr darauf achten, dass die Vorhand immer etwas führt, um dem Pferd das Seitwärtstreten zu erleichtern.

Erst wenn das Schenkelweichen in die gute Richtung funktioniert, versucht man das sogenannte Einfädeln an der Stange: Hierfür muss sich der Reiter die Stange mindestens einen Meter länger vorstellen und dann schon im Schenkelweichen auf die Stange zureiten.

Gelingt der Sidepass in eine Richtung mit allen Schritten, beginnt man mit der schlechteren Seite, nicht früher!

Wichtig: Die andere Seite wird genauso aufgebaut, als hätte das Pferd noch keine Idee von dieser Übung. Man darf nicht davon ausgehen, dass die neue Richtung für das Pferd bekannt ist. Es wird diese Seite sicher schneller lernen als die erste, wenn man am Anfang aber beide Richtungen vermischt, ist es zu verwirrend für das Pferd, es wird dann immer am kurzen Ende versuchen, von der Stange wegzukommen. Das Ziel ist aber, dass es lernt, auf die Hilfen des Reiters zu hören.

RECHTER WINKEL

Ab den höheren Klassen gibt es eine Variante, bei der die Stangen im rechten Winkel liegen (Stangen-L). Hier ist es wichtig, dass die Vor- bzw. Hinterhand tief in die Ecke des Winkels platziert wird, um dem Pferd viel Platz für die Wendung zu verschaffen. Es muss um die Ecke herumtreten. Die Kontrolle von Vor- und Hinterhand ist gefragt, weil diese sich einzeln und unabhängig voneinander bewegen müssen. Auch nach der Wendung um die Ecke muss man darauf achten, dass die Vorhand immer führt.

BEIM TURNIER

Das Hindernis muss rot-weiß ausgeflaggt sein, sowohl am Einritt als auch am Ausritt. Die Nummer muss neben der roten Markierung des Einritts stehen. Die Markierungen sind ausreichend weit weg von der Stange, sodass man genug Platz hat, sein Pferd vor und nach der Stange zu drehen.
Wie schon beschrieben: Es kann eine einzelne Stange sein oder zwei Stangen liegen parallel. Bei parallelen Stangen muss der Sidepass in beide Richtungen geritten werden. Das bezieht sich allerdings auf die Richtung des Schenkelweichens und nicht auf die Richtung des Pferdekopfes! Es muss also einmal dem rechten Schenkel und einmal dem linken Schenkel weichen. Wohin der Kopf des Pferdes schauen soll, muss vorgegeben sein, am besten schon in der Parcoursskizze.
Man reitet im Galopp in einer sinnvollen Linie auf die Sidepass-Stange zu: entweder senkrecht zur rot-weißen Markierung oder parallel dazu (hier muss man aber den Weg so wählen, dass keine 180-Grad-Wendung an der Markierung notwendig ist).
Nach dem Durchritt der Markierung im Schritt wird das Pferd rechtzeitig in die richtige Richtung gedreht und dann in Bewegung so positioniert, dass die Stange mittig zwischen den Pferdebeinen liegt und man mit dem Sidepass beginnen kann.
Am Schluss kann das Pferd wieder gedreht werden, um die rot-weiße Markierung des Ausrittes zu durchreiten. Dann wendet man in die Richtung des nächsten Hindernisses und galoppiert an.

1

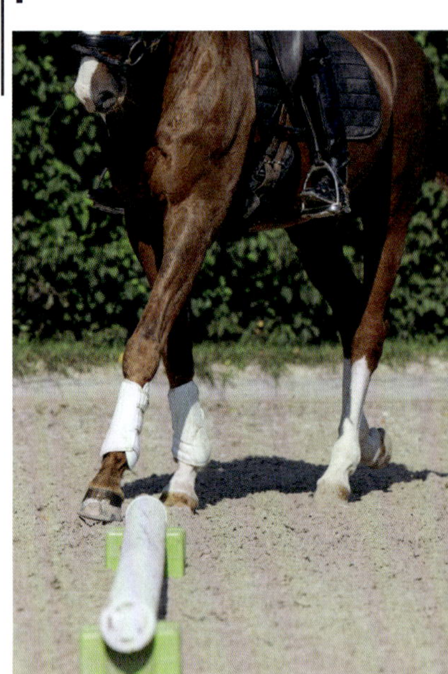

1–3 In gleichmäßigen Tritten mit kreuzenden Vorder- und Hinterbeinen und einer leicht führenden Vorhand wird die Stange überquert. Sie befindet sich dann annähernd unter der Reiterferse.

Varianten: Bei zwei Stangen bleibt die Richtung des Pferdekopfes immer gleich, nach Beendigung der ersten Stange muss man in einem kleinen Bogen zur zweiten Stange reiten. Liegen die Stangen im Winkel, muss entweder die Vorhand oder die Hinterhand um die Ecke geführt werden, dabei sollte der Fluss erhalten bleiben. Falls das Pferd über die Stange nach vorn oder nach hinten wegtritt, muss der Reiter exakt an der Stelle wieder über die Stange reiten, sonst gilt das Hindernis als nicht fertig absolviert. Ist es schwer einzuschätzen, an welcher Stelle der Fehler genau war, darf man die Stange einfach von vorne nochmal reiten. Dabei ist es nicht wichtig, ob die Stange noch auf den Unterlegern liegt, entscheidend ist, dass beide Vorderbeine und beide Hinterbeine auf unterschiedlichen Seiten der Stange sind.

Tipp

Nachdem die Stange überquert wurde, reitet man sicherheitshalber einen Meter seitwärts weiter, um sicherzustellen, dass man die Stange nicht noch mit dem letzten Tritt berührt.

DRESSUR-VARIANTEN

– An der Stange entlang seitwärts reiten;
– Volte über die Stangen reiten und bei Wiederholung über der Stange parieren, seitwärts von der Stange herunterreiten;
– die Stangen zum Traben mitbenutzen.

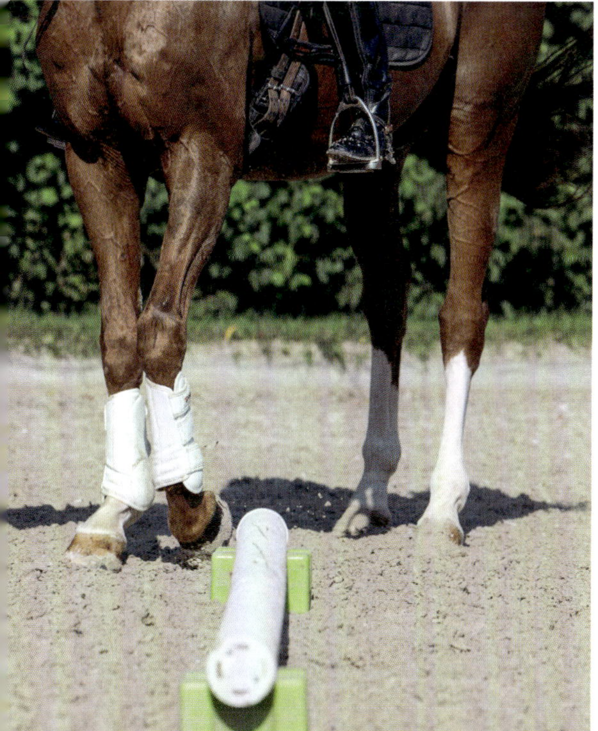

2

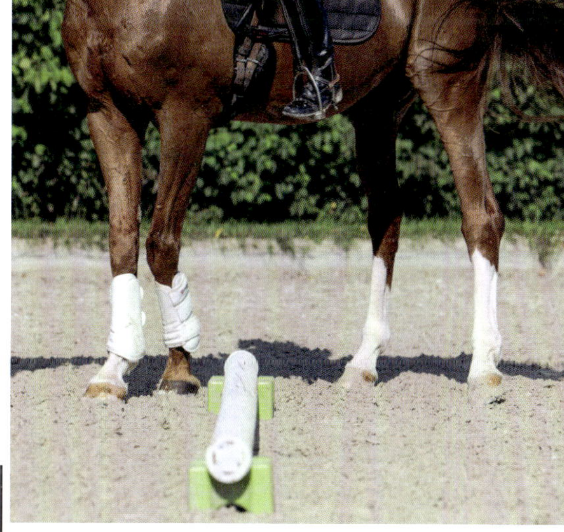

3

Becher umsetzen

Das Hindernis besteht aus zwei Stangen mit einer Höhe von jeweils zwei Metern. Die Stangen sind in einem stabilen Fuß (z. B. einer Pylone) verankert und stehen in einem Abstand von 1,20 Meter. Es können auch Hindernisständer verwendet werden. Auf einer Stange wird ein Becher platziert, möglich sind auch eine Futterkelle, ein Hut oder Kleidungsstücke.

ANFORDERUNGEN
Anritt, Übergang zum Schritt und zum Halt, gute Position zwischen den Stangen, ruhiges geschlossenes Stehen des Pferdes, Wegreiten

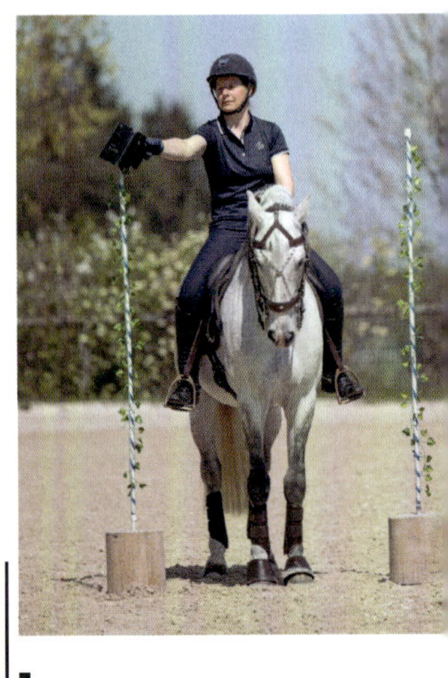

1

DIE AUFGABE

– Der Reiter nähert sich dem Hindernis in der der Leistungsklasse entsprechenden Gangart, pariert vor den Pylonen durch zum Schritt oder direkt zwischen den Pylonen zum Halt. In den Einsteigerklassen reitet man immer im Schritt an die Stangen heran und pariert zwischen den Stangen zum Halten. Der ideale Standpunkt ermöglicht es dem Reiter, den Becher ohne große Verrenkungen zu greifen.
– Nun nimmt man die Zügel in die linke Hand, die rechte Hand ist frei. Sie greift den Becher, hebt ihn über den Pferdehals und setzt ihn auf der Stange der anderen Seite wieder ab.
– Ist der Becher sicher auf der Stange, ordnet man die Zügel und reitet im Schritt vom Hindernis weg. Hierbei ist darauf zu achten, dass das Pferd die Stangen nicht berührt oder gar umwirft (Achtung, auch der Schweif kann das Hindernis umwedeln). Konzentration ist gefragt, um ganz gerade aus dem Hindernis herauszureiten.

RICHTIG TRAINIEREN

Für einen flüssigen Ablauf reitet man das Hindernis in einer einfachen Linie an und pariert geschmeidig zum Halt. Erst wenn das gut funktioniert und das Pferd ruhig zwischen den Stangen steht, macht man weiter. Als Erstes sollte der Reiter nur eine Hand auf den Becher legen. Viele Pferde können diese Situation nicht einschätzen und werden unsicher. Ist das Vertrauen gegeben, wird der Becher ein wenig angehoben. Wenn auch das gut gelingt, hebt man im nächsten Versuch den Becher etwas über den Pferdehals und stellt ihn dann wieder zurück auf die Stange. Schritt für Schritt: Wenn auch das Anheben des Bechers über den Hals für das Pferd kein Problem ist, kann der Becher komplett auf die andere Seite gebracht und auf der linken Stange abgestellt werden. Steht das Pferd nach dem Abstellen ruhig und

Tipp

Gelingt der Übergang noch nicht, übt man ihn besser zuerst an einer Pylone. Zwischen den beiden Stangen ist wenig Spielraum für Korrekturen.

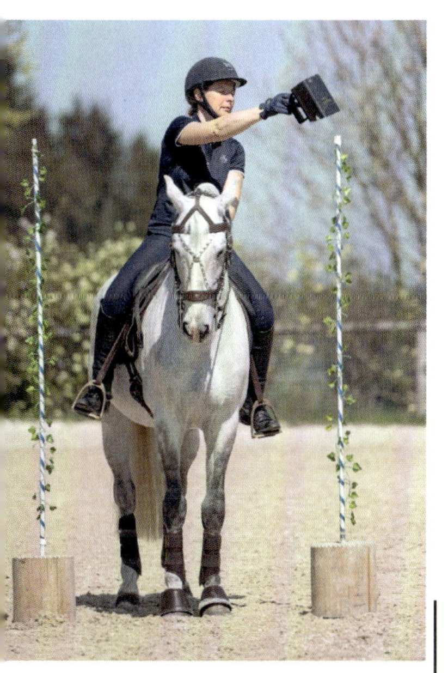

2

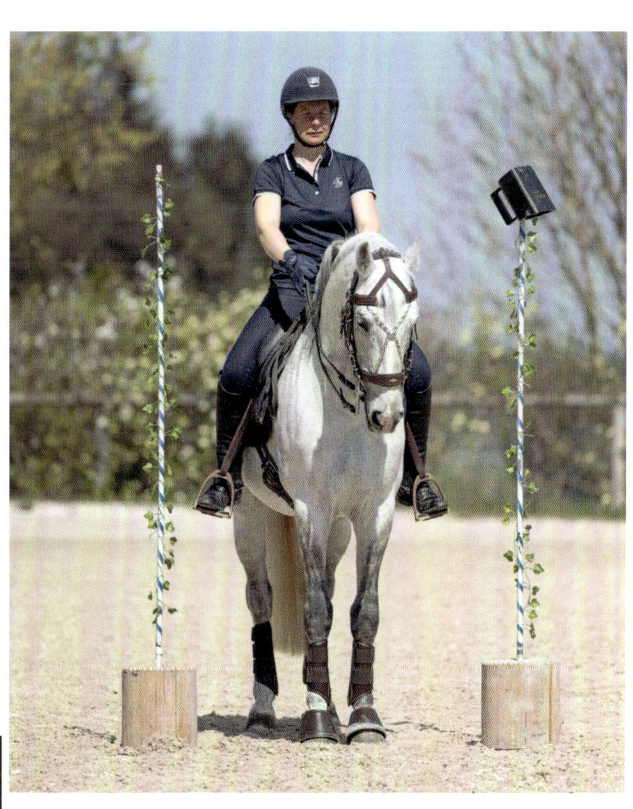

3

1–3 Wenn der Halt in der Mitte geglückt ist, können Sie den Becher von der einen Seite zur anderen umsetzen.

entspannt, reitet man im Schritt wieder los und gerade zwischen den Stangen heraus.
Was aber, wenn das Pferd nicht ruhig zwischen den Stangen stehen will? Dann übt man zuerst nur das Stehen. Das Pferd wird solange über die Hilfen korrigiert, bis alle vier Hufe stehen. Erst dann wird es ausgiebig gelobt und man reitet weiter. Manchmal hilft es auch, das Hindernis mit etwas Positivem wie „Futter" zu verknüpfen. Am besten erwartet eine Person am Boden das Pferd am Hindernis und füttert etwas Leckeres. Das Pferd soll lernen, dass die Lösung darin besteht, ruhig zu stehen, anstatt herumzutänzeln, um das Hindernis verlassen zu dürfen. Es ist entscheidend, Ruhe zu bewahren und dem Pferd ausreichend Zeit zu geben. Ungeduld ist kontraproduktiv, stattdessen soll das Pferd die Position zwischen den Stangen als Ort der Entspannung und Pause erfahren.

GEHORSAM UND VERTRAUEN

Dieses Hindernis mag auf den ersten Blick einfach aussehen, doch der Schein trügt. Die Anforderung, präzise an einem Punkt stehen zu bleiben, erfordert bereits ein hohes Maß an Gehorsam und Vertrauen. Deshalb ist das ruhige Stehenbleiben an einem definierten Ort oder zwischen zwei Objekten eine wichtige Übung. Ein Engpass ist für manche Pferde schwer zu ertragen.

BEIM TURNIER

Beim Turnier ist das Hindernis rotweiß markiert, außer in den Leistungsklassen WM und WS: Hier wird bis zum Halt darauf zugaloppiert.
Die Nummer muss auf der rechten Seite neben dem Hindernis platziert sein. Die rot-weiße Markierung zeigt den Punkt an, an dem der Reiter zum Schritt durchparieren soll.
Nach dem Durchreiten der Markierung im Schritt nähert man sich dem Hindernis und pariert genau mittig zwischen den Stangen zum Halten durch. Die Stangen befinden sich dann in Höhe der Oberschenkel. Man nimmt die Zügel in Ruhe in die linke Hand so, dass noch ein wenig Einwirkung gegeben ist. Steht das Pferd ruhig, nimmt man den Becher mit der rechten Hand, hebt ihn über den Pferdehals und setzt ihn auf die linke Stange. Dann nimmt man die Zügel wieder in beide Hände, stellt das Pferd an die Hilfen und verlässt das Hindernis im Schritt.
Der Ausritt ist wieder mit einer rotweißen Markierung versehen. Hat man diese durchritten, trabt oder galoppiert man an.
Wichtig ist ein Kontrollblick zurück: Ist alles stehen geblieben? Falls nicht, reitet man sofort zurück. Liegt der Becher am Boden, steigt man ab, mit dem Becher wieder auf und stellt ihn vom Pferd erneut auf die linke Stange. Falls die Stange umgefallen ist, muss man ebenfalls absteigen. Die Stange

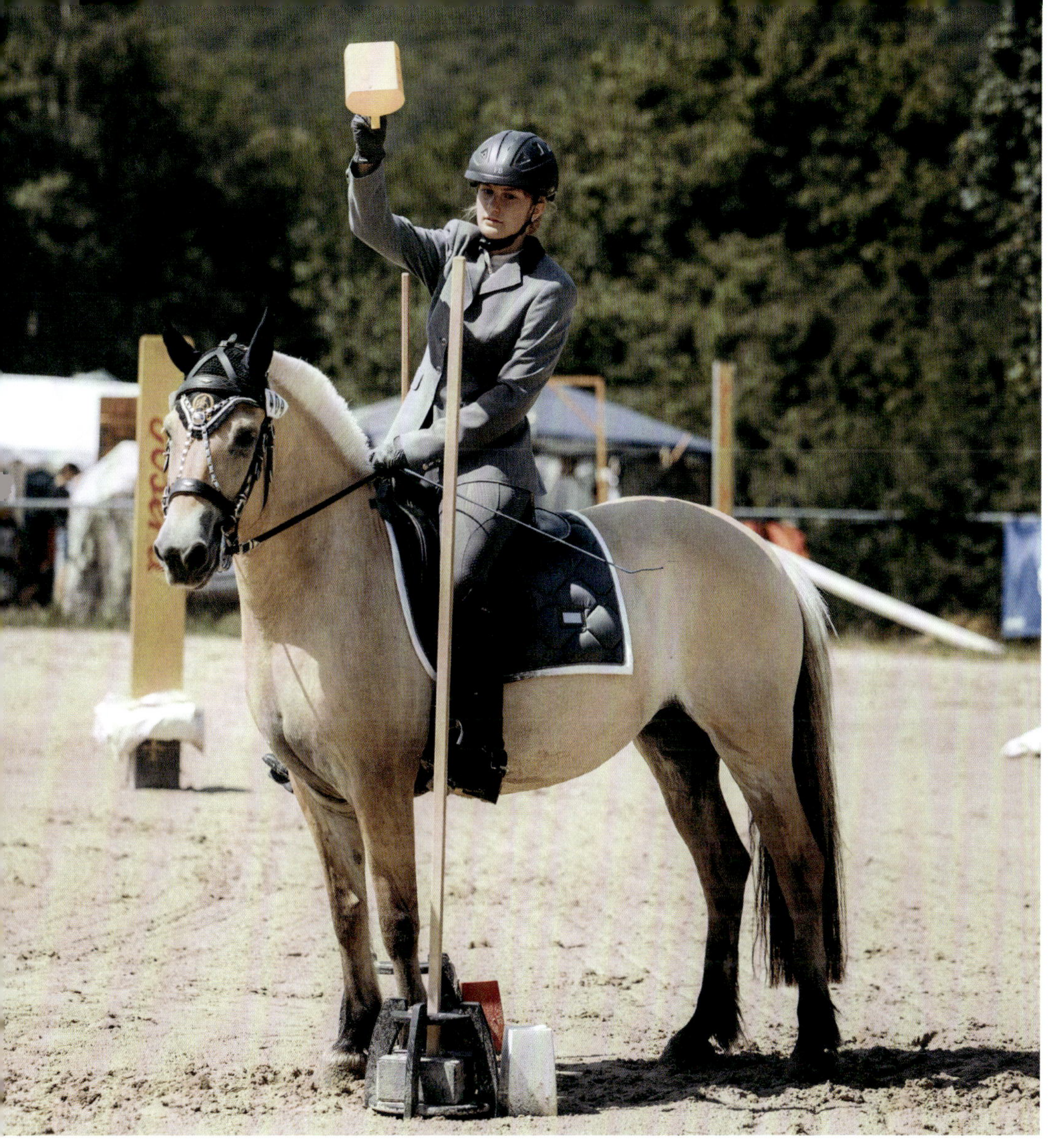

Ruhiges und geschlossenes Stehen bringt beim Turnier gute Punkte.

wird wieder aufgestellt, danach steigt man mit dem Becher auf und platziert ihn vom Pferd aus auf der Stange. Sollten Becher oder Stange am Boden liegen und nicht wieder aufgestellt werden, führt dies zur Disqualifikation, sobald der Reiter in das nächste Hindernis hineinreitet.
So mancher Schweifschlag des Pferdes führte hier schon zu unerwartenden Komplikationen im Parcours.

DRESSUR-VARIANTEN

– Nach dem Durchreiten des Hindernisses eine Volte nach rechts und dann eine nach links reiten;
– ohne durchzuparieren in allen Gangarten durch die Stangen reiten;
– nach den Stangen halten, rückwärtsrichten zwischen den Stangen;
– die Stangen weiter auseinanderstellen und zwischen den Stangen im Schenkelweichen hin- und herreiten.

Ringstechen

Beim Ringstechen braucht man vor allem eine Vorrichtung, die den Ring hält. Stilgerecht ist natürlich ein Stier. Man kann ihn z. B. aus einer Holzplatte aussägen und kreativ bemalen. Querfüße sorgen für die nötige Stabilität.

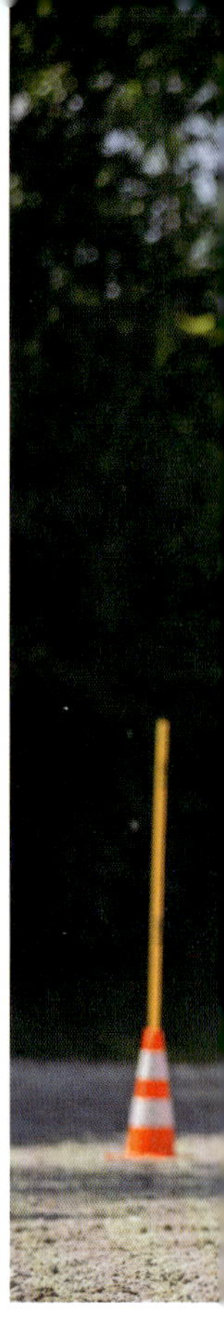

Es geht natürlich auch ohne Stieroptik. Wichtig ist immer eine Befestigung, von der sich der Ring leicht lösen lässt, er darf aber nicht von alleine herunterfallen. Am besten eignen sich dafür ein Magnet oder eine Besenklammer.
Der Ring muss einen Durchmesser von 15 Zentimetern haben und so befestigt werden, dass er von allen Seiten gestochen werden kann. Er kann aus Holz, Metall, Kunststoff oder Stroh sein.
Außerdem benötigt man eine oder besser zwei standfeste Tonnen bzw. Fässer, die oben eine 30 bis 80 Zentimeter große Öffnung und eine Gesamthöhe von mindestens 80 Zentimetern haben. Falls sie zu leicht sind, kann man sie mit Steinen beschweren.

Nun fehlt noch die Garrocha: Sie hat einen Durchmesser von zwei bis vier Zentimetern, ist etwa 1,50 bis 3,00 Meter lang und aus Holz, Bambus oder Kunststoff. Rosenstangen aus dem Baumarkt eignen sich sehr gut.
Aufgebaut wird wie folgt: In der einen Tonne steht die Garrocha mit dem dünneren Ende nach oben. Der Abstand zum Stier beträgt mindestens 15 Meter. Nach dem Stier steht die zweite Tonne, ebenfalls in einem Abstand von mindestens 15 Metern. In dieser Tonne muss die Garrocha nach dem Stechen des Ringes mit der Spitze nach oben wieder abgestellt werden. Tonnen und Stier können sich auf einer geraden oder einer gebogenen Linie befinden.

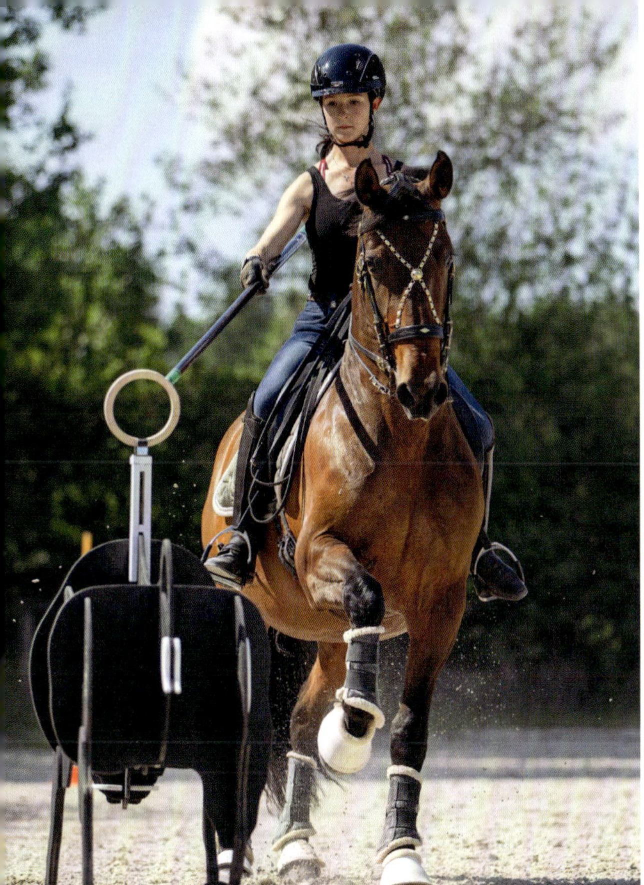

Tipp
Um den Ring sicher stechen zu können, schaut man fokussiert auf das Loch des Rings.

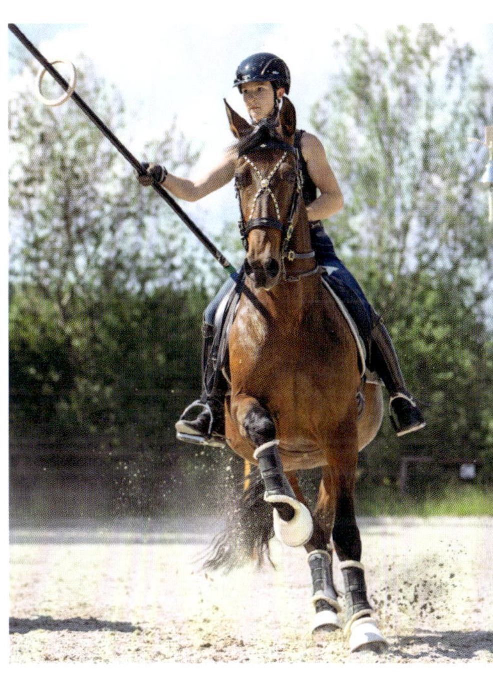

1 Die Herausforderung liegt ganz klar beim Reiter: Seine Aufgabe ist es, den Ring zu treffen.

2 Das Pferd muss nur am Stier vorbeilaufen, damit Sie den Ring stechen können.

DIE AUFGABE

– Die Garrocha soll im Vorbeireiten oder auch beim Umrunden der Tonne aufgenommen werden. Man greift sie wie einen Bierkrug, die Spitze der Garrocha und der Daumen zeigen nach oben. Die Gangart ist entsprechend der Leistungsklasse. Dann hält man die Garrocha parallel neben dem Pferd und versetzt sie durch eine Wurfbewegung in der Hand etwas nach oben, bis sie im Gleichgewicht ist. Anschließend senkt man die Spitze nach vorn in die Höhe des Ringes. Auf den Stier reitet man gerade zu – so, dass man im Vorbeireiten den Ring stechen und mitnehmen kann. Hat man ihn, hebt man die Spitze der Garrocha an, lässt den Ring Richtung Hand rutschen und spreizt dabei den Daumen so zur Seite, dass man den Ring fangen kann. Anschließend trägt man die Garrocha wieder senkrecht mit der Spitze nach oben neben dem Pferd.

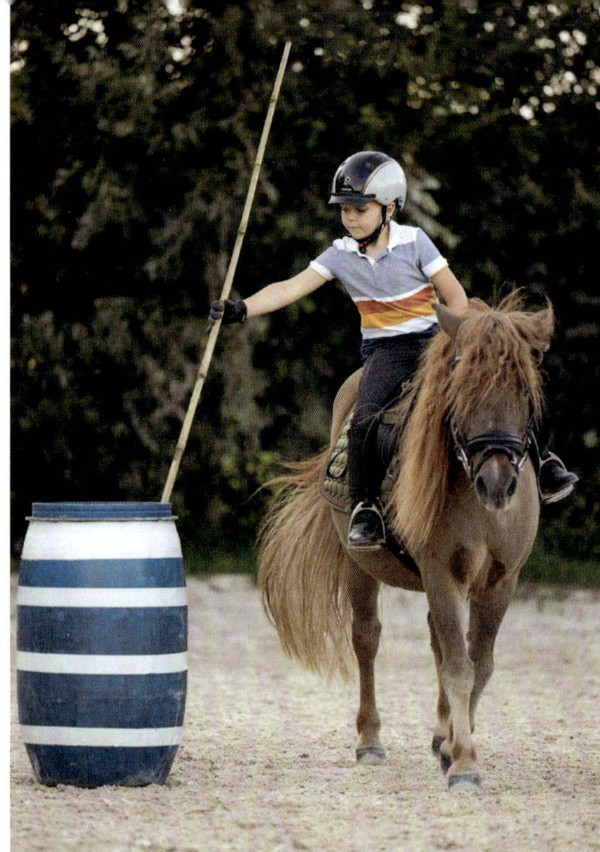

Reiten Sie nah genug an der Tonne vorbei, um die Stange aufzunehmen.

Tipp

Achtung: Man muss die Garrocha gleiten lassen – nicht werfen, sonst springt sie vielleicht wieder aus der Tonne heraus.

ANFORDERUNGEN

Anritt, Aufnehmen der Garrocha, Linie, Takt und Geraderichten, Stechen des Ringes, Abstellen der Garrocha

Nun muss man noch zur zweiten Tonne reiten, um die Garrocha wieder abzustellen. Man lässt die Stange auf dem Weg zur Tonne etwas durch die Hand nach unten rutschen, um das untere Ende länger zu machen, dann gelingt das Abstellen leichter. Dieses untere Ende zeigt am besten leicht nach vorn. Dann visiert man das Loch der Tonne an und lässt die Garrocha durch die Hand nach unten in die Tonne gleiten, sobald sie über der Tonne ist.

RICHTIG TRAINIEREN

Im ersten Schritt gewöhnt man das Pferd behutsam an die Garrocha. Ein bewährter Ansatz besteht darin, dass eine zweite Person die Stange neben dem Pferd hält und sie vorsichtig auf- und abschwenkt, wobei darauf geachtet wird, die Stange am Auge vorbeizuführen. Wenn das gut geht, kann der Reiter die Stange selbst in die Hand nehmen und das Procedere wiederholen. Falls das Pferd die Aktion nicht so toll findet, wird die Übung so oft wiederholt, bis es ruhig und entspannt bleibt. Nach jeder Annäherung sollte die Stange auch wieder vom Pferd entfernt werden.
Anschließend kann der Reiter mit der Stange in der Hand Schritt reiten. Sollte das Pferd ängstlich reagieren, lässt man die Garrocha fallen.
Legt man den Ring auf die Spitze der Garrocha, kann man auch das Herunterrutschen üben. Für manche Pferde ist es sehr unheimlich, wenn der Ring dabei am Kopf vorbeisaust.

Nun übt man das Aufnehmen der Garrocha. Dazu umrundet man die Tonne im Schritt mehrmals und fasst immer wieder die Stange an, ohne sie anzuheben. Dabei klappert man ein wenig in der Tonne. Dieses Geräusch erschreckt Pferde häufig, daher üben wir es in Ruhe.

Funktioniert das ohne Unsicherheiten, nimmt man die Garrocha aus der Tonne in die Hand (Daumen nach oben) und reitet im Schritt von der Tonne weg. Nach mehrmaligem Wiederholen kann man sich an den nächsten Schritt wagen.

Nun geht es weiter zum Stier: Im Vorbeireiten versucht man, den Ring zu stechen. Dann hebt man die Garrocha vorne an, damit der Ring an der Stange entlang bis zur Hand rutschen kann.

1 Zielen Sie immer auf das Loch des Ringes, dann treffen Sie leichter.

2 Ist der Ring gestochen, wird die Garrocha angehoben, damit der Ring nicht verloren wird.

3 Am besten fixieren Sie den Ring, indem Sie den Daumen darauf legen.

1

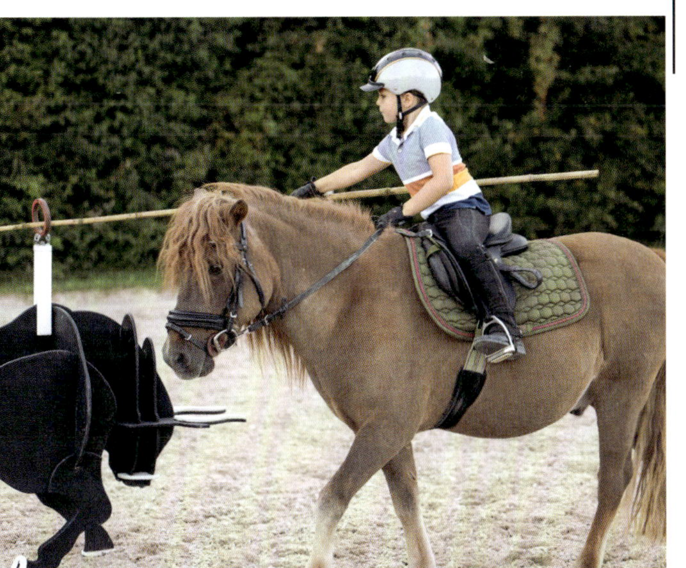

2

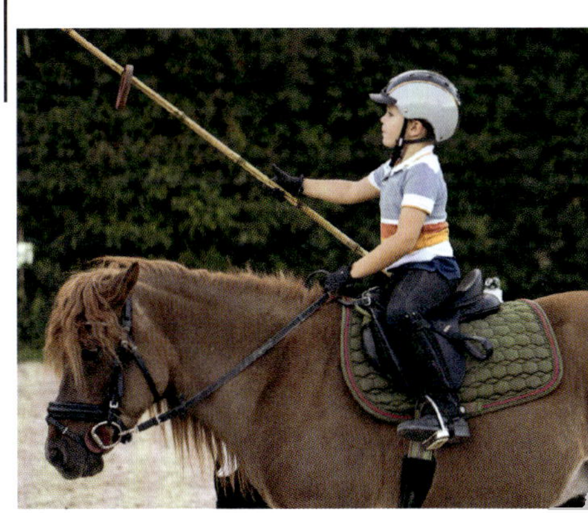

Tipp

Spreizt man den Daumen ab, fällt der Ring so in die Hand, dass der Daumen ihn fixieren kann. Vergisst man das, kann der Ring über die komplette Hand auf den Arm rutschen und man ist sozusagen an die Stange gefesselt.

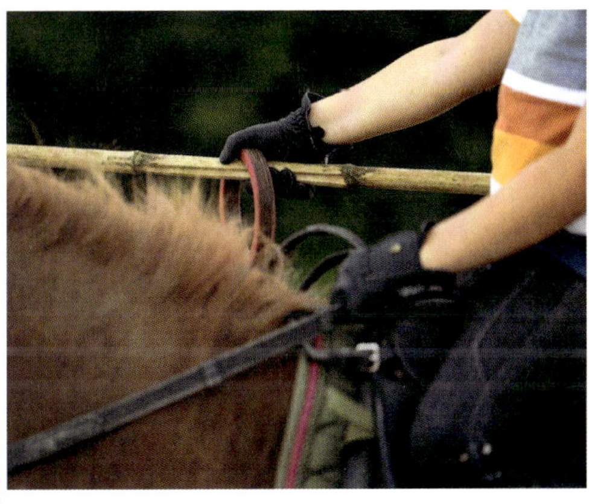

3

1 Für ein sicheres Abstellen der Garrocha samt Ring zielen Sie mit dem unteren Ende frühzeitig auf die Tonne.

2 Dann können Sie die Garrocha sanft in die Tonne gleiten lassen, damit sie nicht wieder herausspringt.

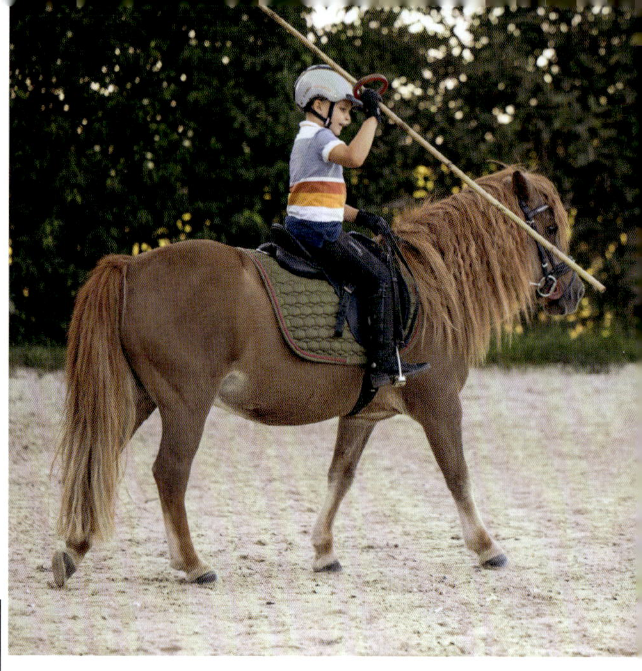

1

Im Schritt geht es weiter zur Abstelltonne. Die Garrocha ist dabei senkrecht neben dem Oberschenkel. Man öffnet die Hand leicht, so kann die Stange durch die Hand nach unten rutschen, das untere Ende wird länger und man kann damit besser zielen. Sobald man nah genug an der Abstelltonne ist, versucht man, um die Tonne herumzureiten und dabei die Garrocha in die Tonne gleiten zu lassen. Wenn das Hindernis im Schritt gut funktioniert, kann man es im Trab probieren. Es ist ein wenig schwierig, um die Tonnen herumzutraben, man kann auch an den Tonnen vorbeireiten und die Garrocha dabei anheben bzw. abstellen, aber im Trab ist das Zeitfenster sehr kurz!

BEIM TURNIER

Dieses Hindernis ist nicht rot-weiß markiert, es steht nur die Nummer neben der Tonne! Sind Tonne, Stier und Tonne einzelne Hindernisse, steht an jedem eine Zahl. Wenn das ganze

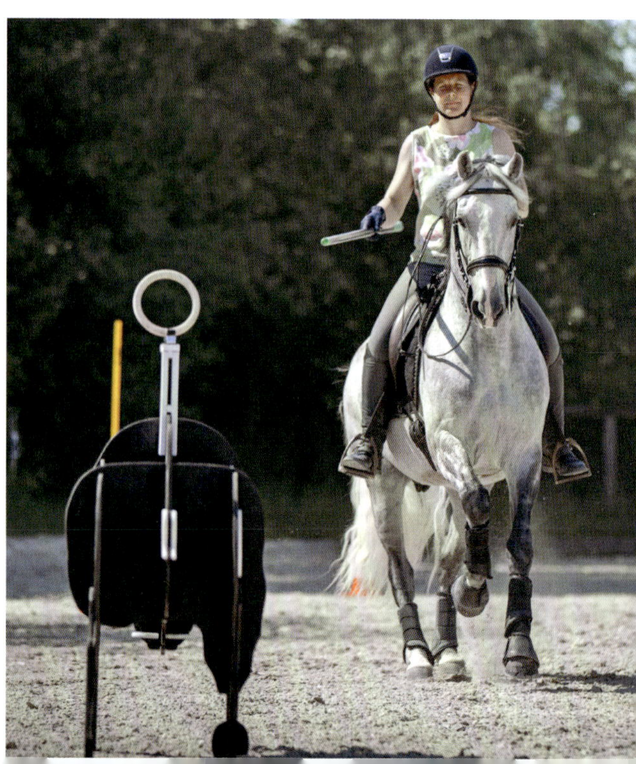

Das Treffen des Rings bringt im Stil-und Speedtrail gute Punkte, deshalb üben, üben, üben!

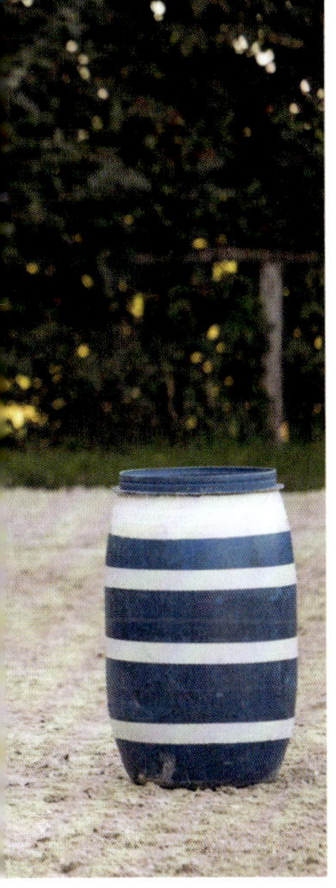

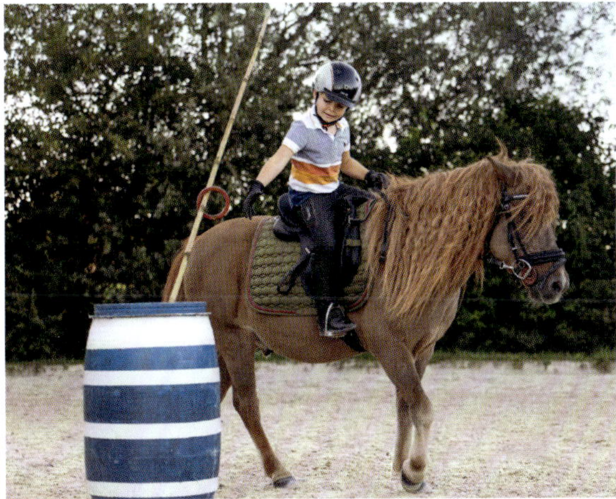

2

als ein Hindernis bewertet wird, ist nur bei der Aufnehmtonne eine Zahl und ein A, die anderen Punkte sind dann mit B und C gekennzeichnet. Ist das Hindernis so markiert, ist diese Linie gesperrt, d. h., man darf nicht durchreiten, wenn man z. B. zu einem anderen Hindernis reiten muss.
Das Hindernis sollte immer in der gleichen Gangart geritten werden. Es ist definitiv besser, eine niedrigere Gangart zu wählen, das Hindernis dafür aber sicher zu absolvieren. Erreicht man die Garrocha nicht gleich, umrundet man die Tonne so oft, bis man sie hat. Beim Stechen ist es anders: Verfehlt man den Ring, reitet man sofort weiter zur zweiten Tonne, denn zum Stechen hat man nur einen Versuch. Das Abstellen der Garrocha dagegen kann auch erst nach mehrfachem Umrunden der Tonne erfolgen. Die höchste Punktzahl gibt es, wenn man den direkten Weg nimmt, ohne mehrfaches Reiten um die Tonnen.

Verliert man die Garrocha auf dem Weg von der einen zur anderen Tonne, muss sie wieder aufgenommen werden, sonst gilt das Hindernis als nicht absolviert. Wirft man eine der Tonnen um, muss sie wieder aufgestellt werden. Es heißt also absteigen, die Tonne aufrichten und die Garrocha vom Pferd aus hineinstellen. Dasselbe gilt, wenn die Garrocha aus der Abstelltonne herausfällt: absteigen, Garrocha aufsammeln, aufsteigen und sie erneut in der Tonne platzieren. Verliert man den Ring auf dem Weg nach dem erfolgreichen Stechen, muss er nicht wieder aufgehoben werden. Er gilt dann als nicht gestochen.

DRESSUR-VARIANTEN

– Die Tonne in allen Gangarten mehrfach umrunden;
– den Stier umrunden;
– mit Garrocha in der Hand (einhändig) die Gangarten wechseln;
– mit Garrocha Hufschlagfiguren reiten.

Tipp

Immer einen guten Anreitweg suchen, um schön im Fluss an das Hindernis heranzukommen.

Wassergraben

Das Wasserhindernis ist ein natürlicher oder künstlicher Wasserdurchritt und mindestens zwei Meter lang. Die Wassertiefe liegt bei maximal 30 Zentimetern, der Untergrund muss rutschfest sein. Dieses Hindernis wird erst ab der Klasse WL geritten.

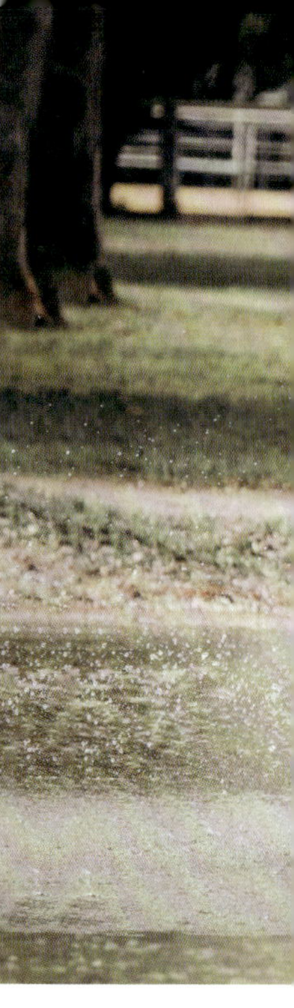

Tipp

Viele Pferde wollen im Wasser plantschen und scharren. Das fördert die Sicherheit und Freude, hineinzugehen.

Die wenigsten Reiter haben einen künstlichen Wassergraben. Man kann sich aber mit einer blauen Plane oder einer großen Tischdecke behelfen. Vielleicht ist in der Nähe ein See oder ein seichter Bach, der sich zum Trainieren eignet. Wasserdurchritte befindet sich in der Regel auch auf jeder Vielseitigkeitsstrecke.

DIE AUFGABE

– Einige Meter vor dem Wasser wird zum Schritt durchpariert und gerade auf den Einritt zugeritten. Das Pferd soll ohne zu zögern vertrauensvoll auf das Wasser zu- und hindurchgehen.
– Auch im Wasser bleibt ein klarer Schrittrhythmus erhalten.
– Einige Meter nach dem Wassergraben galoppiert man wieder an.

RICHTIG TRAINIEREN

Ein Wasserdurchritt stellt für viele Pferde ein Problem dar. Oft hilft es, ein zweites, erfahrenes Pferd vorangehen zu lassen und das Pferd zunächst durch das Wasser zu führen. Achtung, manche Pferde springen dann überraschend ins Wasser, es besteht Verletzungsgefahr für Mensch und Tier! Hat das Pferd Vertrauen gefasst, versucht man, durch das Wasser zu reiten. Die Pferde zeigen hier oft ein typisches Verhalten: „Annäherung und Rückzug“ ist angeboren, und man sollte das Pferd gewähren lassen und keinesfalls strafen. Oft testen die Pferde das Wasser erst einmal mit einem Huf an und treten dann wieder zurück. Der zweite Versuch führt oft zu mehr Mut.
Erst wenn man aus allen Richtungen entspannt im Schritt in das Wasser reiten kann, ist Trab oder sogar

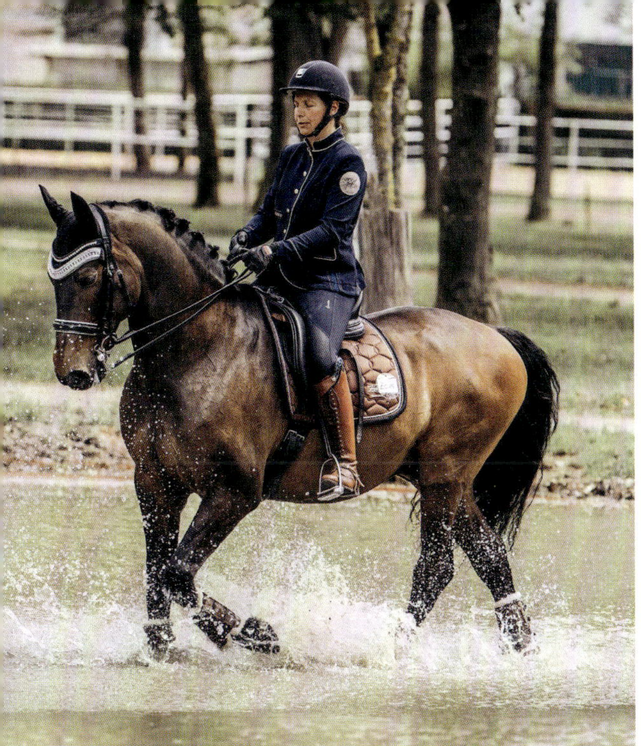

Auf dem Turnier kann das Wasser natürlich oder künstlich sein. Wenn möglich üben Sie beides!

ANFORDERUNGEN

Anrittweg zum Wasser, Übergang zum Schritt, Betreten und Überwinden des Wassers, Takt und Losgelassenheit, Anlehnung

Galopp möglich. Wichtig: Der Untergrund muss immer gründlich geprüft werden, um Verletzungen und Stolperfallen auszuschließen.

BEIM TURNIER

Das Wasserhindernis muss mindestens einen Meter vor dem Einritt und Ausritt rot -weiß markiert sein. Die Markierungen gehören mit zum Hindernis, auch wenn sie etwas entfernt stehen, und kennzeichnen gleichzeitig den Punkt für den Übergang: Passiert der Kopf des Pferdes die Markierung am Einritt, muss das Pferd im Schritt sein, ebenso, wenn der Schweif an der Ausreitmarkierung vorbei ist. Dann wird wieder in die höhere Gangart gewechselt.

Wenn man es nicht nach einigen Sekunden geschafft hat, in das Wasser zu kommen, kann man noch zwei weitere Versuche unternehmen, allerdings führt der dritte Fehlversuch zum Ausschluss. Oft wird eine Art „Jokerhindernis" angeboten, das einfacher ist, allerdings ist hier auch die maximale Bepunktung niedriger angesetzt.

Das Pferd muss mindestens mit einem Huf das Wasser deutlich berühren, sonst gilt das Hindernis als nicht absolviert, ebenso müssen die rot-weißen Markierungen mit allen Beinen durchquert werden. Falls das Wasser nicht korrekt absolviert wird (das Pferd z. B. vor der Ausrittmarkierung seitlich herausspringt), beginnt man wieder am Einritt, um nicht disqualifiziert zu werden.

Außer dem Wassergraben gibt es auch das Hindernis „Kiesbett". Das wird ebenso erarbeitet wie der Wassergraben.

DRESSUR-VARIANTEN

– Das Wasser in allen Grundgangarten durchreiten;
– im Wasser anhalten;
– das Wasser umrunden;
– im Wasser rückwärtsrichten.

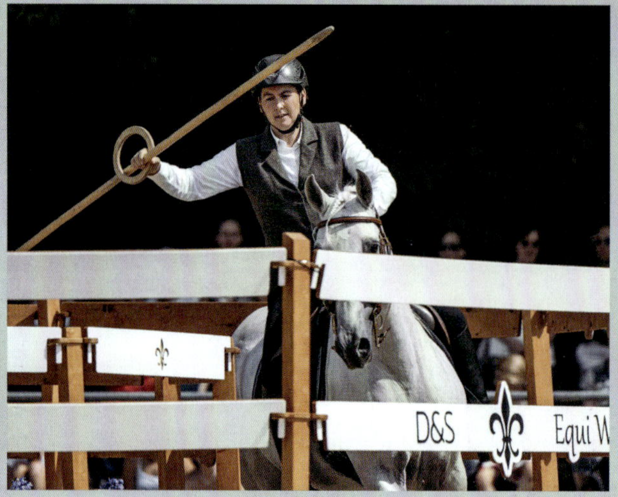

RASANTER SPORT

Der schnelle Speedtrail begeistert das Publikum immer wieder aufs Neue.

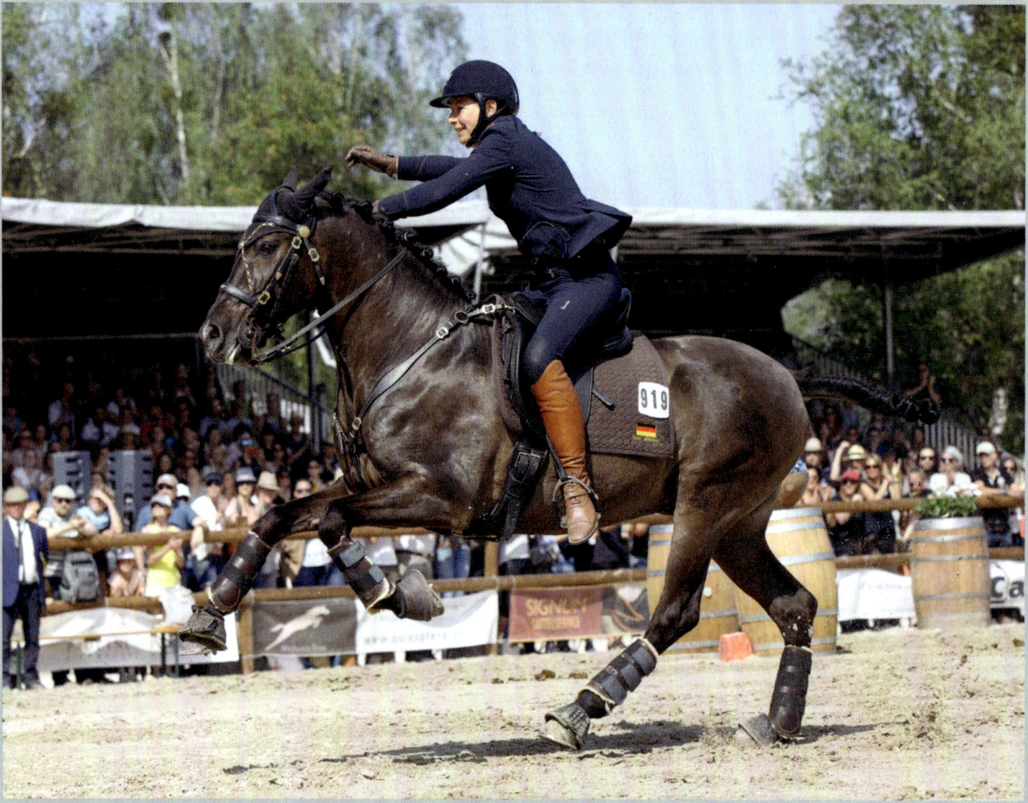

Speedtrail – Richtig üben

Viele Reiter in der Working Equitation sehen den Unterschied zwischen Stil- und Speedtrail nur darin, dass Letzterer einfach in einer höheren Geschwindigkeit geritten wird. Das ist nicht ganz richtig.

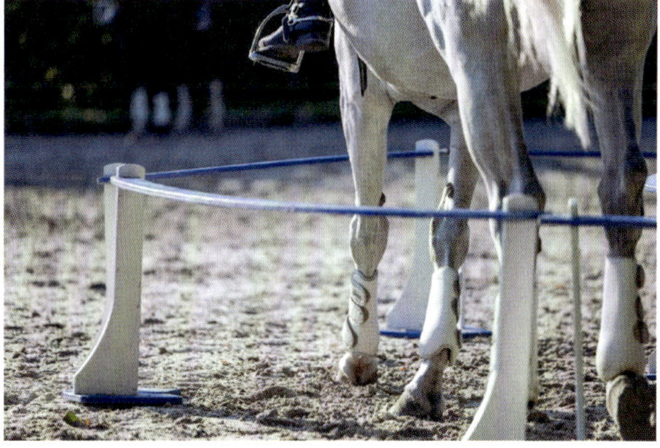

Was im Langsamen gut und flüssig geübt ist, klappt später auch im hohen Tempo besser.

Es gibt Pferde, vor allem, wenn sie mehr im Blut stehen, die im Speedtrail sozusagen „heiß" laufen. Solche Charaktere müssen behutsam an den Speed gewöhnt werden, damit keine Frustration beim Trainieren entsteht und Pferd und Reiter Spaß am schnelleren Absolvieren der Hindernisse haben.
Außerdem macht nicht unbedingt die Geschwindigkeit zwischen den Hindernissen den Trail „schnell", sondern die andere Technik, die einzelnen Aufgaben zu meistern und dadurch flüssig durch den Parcours zu kommen. Speed zu trainieren bedeutet, Abläufe schneller abarbeiten zu können.
Bei eher technischen Hindernissen, wie z. B. dem Tor, geht es um die schnellere Handhabung des Reiters im Umgang mit dem Seil (im Speed muss das Tor ein Seil sein). Löst man die Schlaufe zu langsam vom Haken und hängt sie auch zu langsam wieder ein, verliert man sehr viel Zeit. Deswegen müssen diese Abläufe sorgfältig und langsam (!) antrainiert werden, damit es dann in der Geschwindigkeit auch funktioniert.
Bei einem Hindernis wie z. B. den Tonnen ist der Fokus wieder anders: Hier kann man zwar tatsächlich mit mehr Schwung in das Hindernis

Tipp
Die beste Vorbereitung für den Speedtrail ist es, die Abläufe gründlich zu üben und zu optimieren.

einreiten, allerdings kostet eine schlechte Wendung mit zu großen Linien um die Tonne herum mehr Meter und damit mehr Zeit. Es ist von größerem Nutzen, wenn man das Pferd in die Wendung hinein gut an die Tonne heranlenken kann und mit etwas weniger Geschwindigkeit sehr nahe um die Tonne herumkommt. Das ist auf jeden Fall schneller.

Bei allen Rückwärts-Hindernissen liegt die größte Zeitersparnis in der Vorbereitung beim Einritt: Die Arbeitshand sollte bereits ausgestreckt sein, wenn man an die Glocke hinkommt, ein einfaches Anstoßen reicht für ein läutendes Geräusch; oder die Hand hebt gleich zu Beginn den Becher von der Stange. Das Pferd kann während dieser Aktion schon für das

1

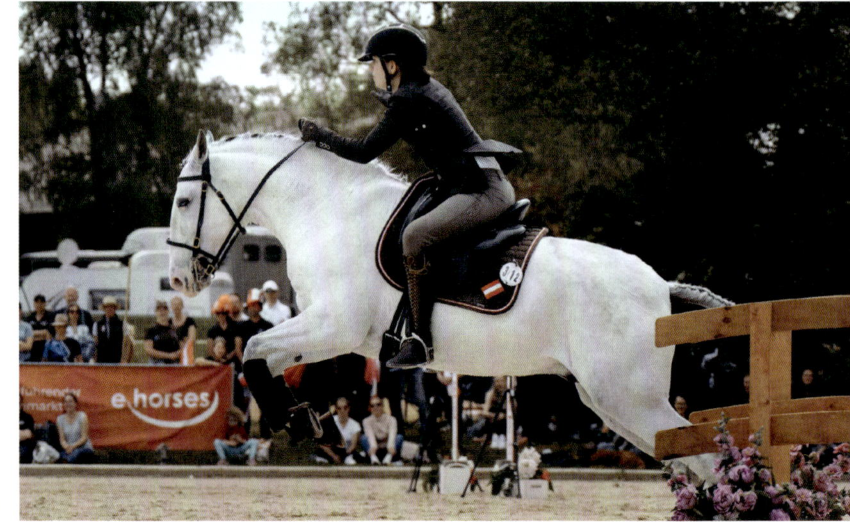

1 Rasant: Mit viel Schwung über die Brücke, schon geht es weiter zum nächsten Hindernis.

2 Sicher: Die Garrocha mit Ring in der Tonne bringt eine Zeitgutschrift auf die Endzeit der Teildisziplin.

3 Präzise: Nicht nur die Geschwindigkeit ist wichtig, sondern auch das präzise Reiten von technischen Aufgaben.

STRAFSEKUNDEN

Wird ein Hindernis nicht fehlerfrei absolviert, fällt also z. B. die Stange beim Sidepass von den Erhöhungen herunter, so wird das mit Strafsekunden gewertet: Jeder Fehler bedeutet fünf Sekunden, die zur Endzeit dazugerechnet werden. Diese Zeit ist fast nicht mehr hereinzureiten. Daher ist es besser, gezielt und konzentriert, und im Zweifel mit weniger Speed an das Hindernis heranzugehen.

Umgekehrt können auch Zeitgutschriften erritten werden: Kann man den Ring stechen und platziert ihn erfolgreich mit der Garrocha in der Abstelltonne, werden von der Endzeit wieder Sekunden abgezogen. Dadurch ist das Stechen sehr lukrativ.

Rückwärtsrichten vorbereitet und korrekt auf den Weg eingerichtet werden. So wird das Hindernis flüssig und ohne anzuhalten durchritten. Beim Ringstechen hilft es, mit verschieden großen Ringen zu trainieren, um eine höhere Treffsicherheit zu erreichen. Kann man einen deutlich kleineren Ring ziemlich sicher stechen, ist ein großer Ring in höherer Geschwindigkeit keine unlösbare Aufgabe mehr.

Tipp

Auf eine Speed-Trainingsrunde sollte immer eine Stilrunde folgen, damit das Pferd nicht mit dem Speedgedanken den Trail verlässt und beim nächsten Training nur an Geschwindigkeit denkt.

Es gibt verschiedene Techniken, Speed zu trainieren. Jeder Reiter sollte alle ausprobieren oder auch immer mal mischen, um herauszufinden, was für ihn und sein Pferd die beste Variante ist. Bei Pferden, die gern hektisch werden, ist es sinnvoller, die Wege zwischen den Hindernissen nur im schnellen Trab zu reiten. So werden die Abläufe geübt, ohne dass man die Kontrolle verliert. Eine weitere Möglichkeit, die Disziplin zu trainieren, besteht darin, einen Parcours im Wechsel zwischen Stil und Speed zu reiten, also z. B. den Slalom im Speed und anschließend die Glockengasse im Stil usw.
Läuft das Training gut, macht diese Disziplin der Working Equitation den Reitern und erkennbar auch den Pferden Spaß. Die wissen meist bereits beim Ertönen der Speedtrail-Musik, was jetzt kommt.

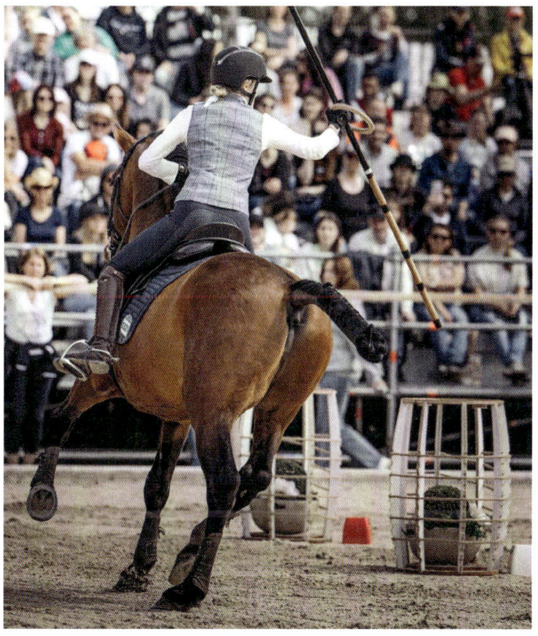

2

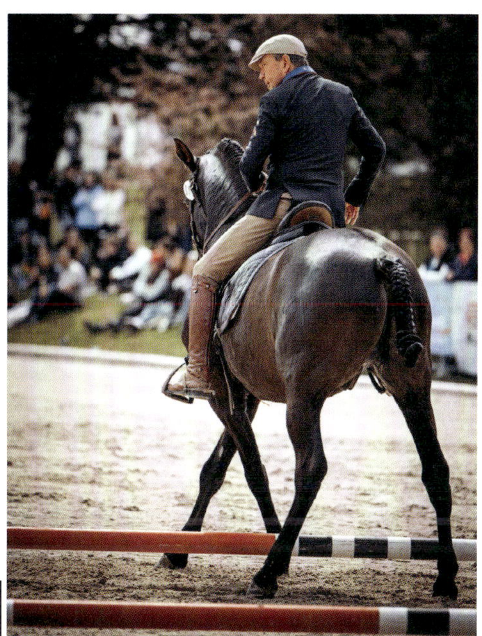

3

DIE RINDER-ARBEIT – URSPRUNG DER WORKING EQUITATION

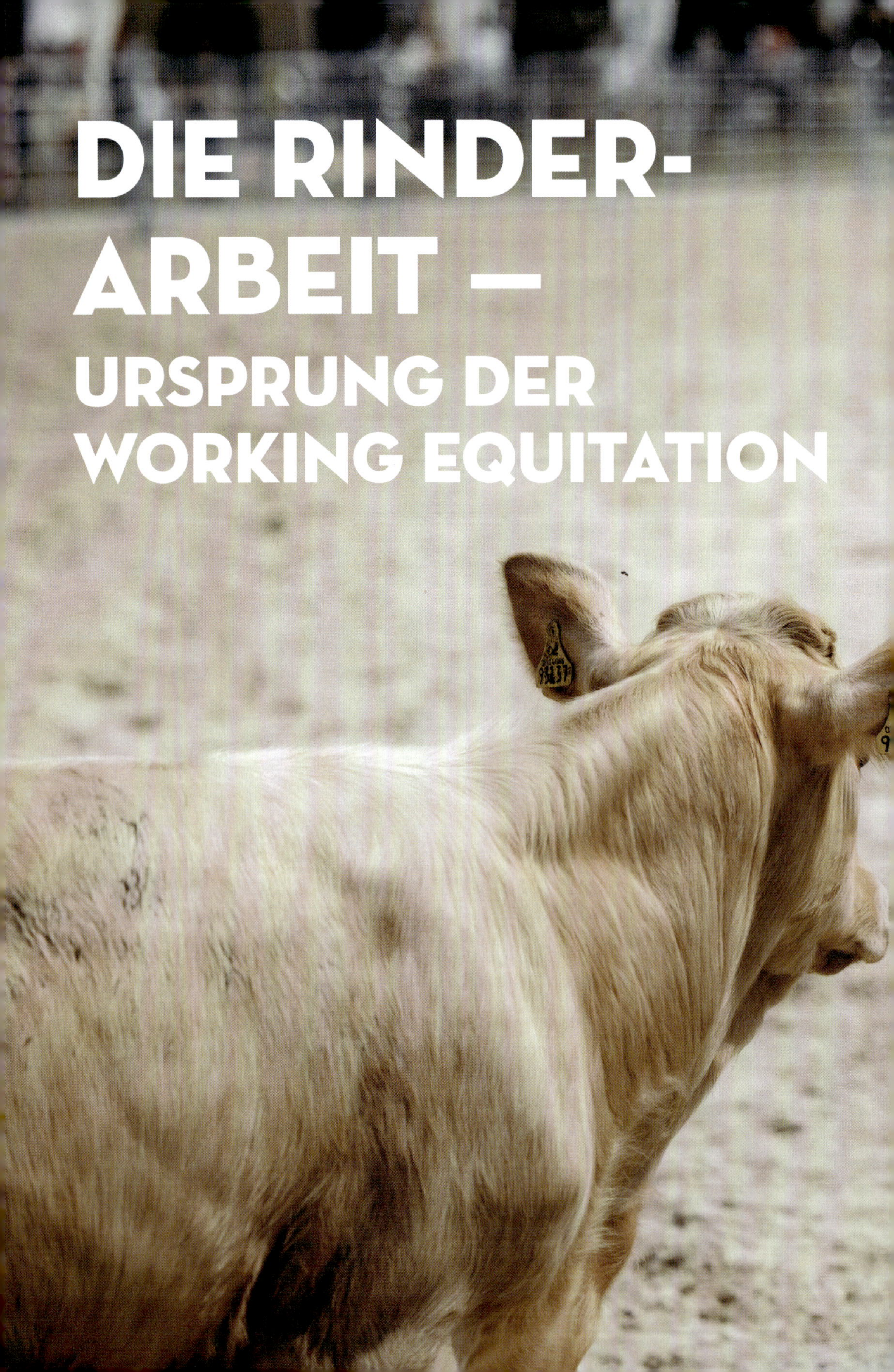

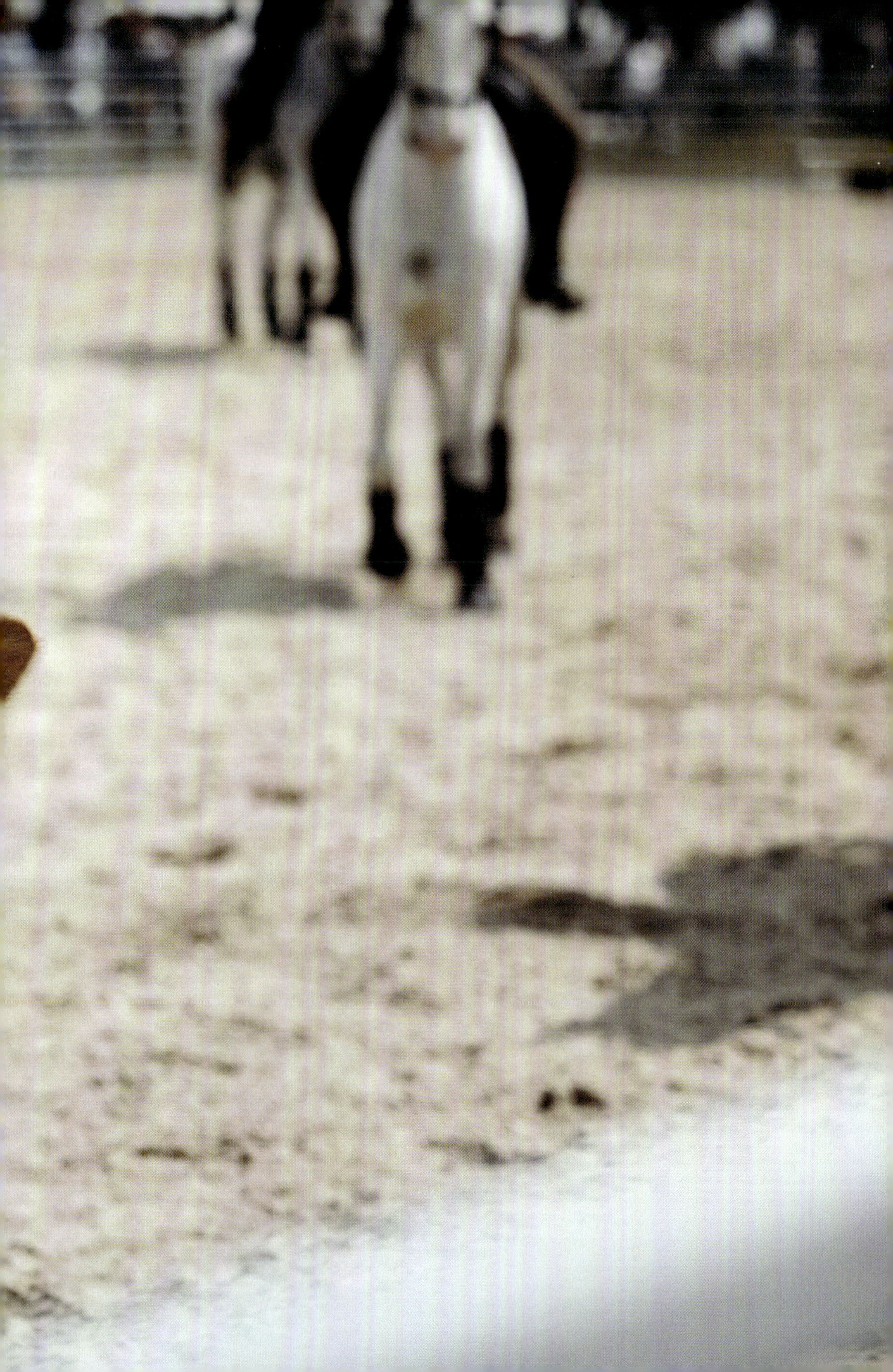

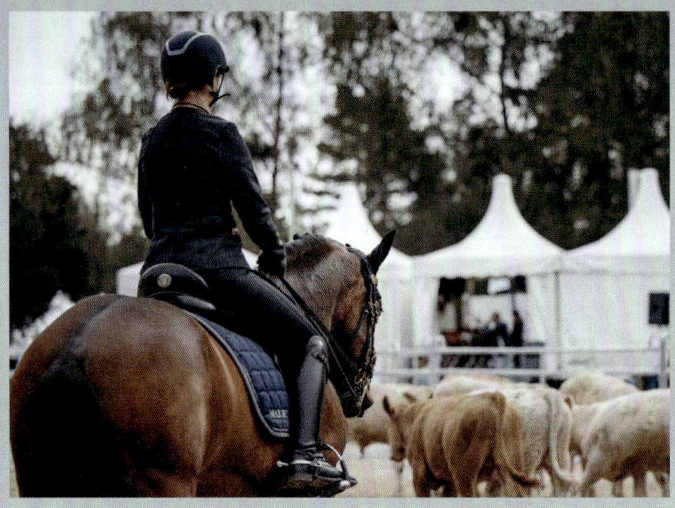

KEIMZELLE DER WORKING EQUITATION

Die Rinderarbeit ist für jeden Reiter die Königsdisziplin und der Höhepunkt dieses Sports.

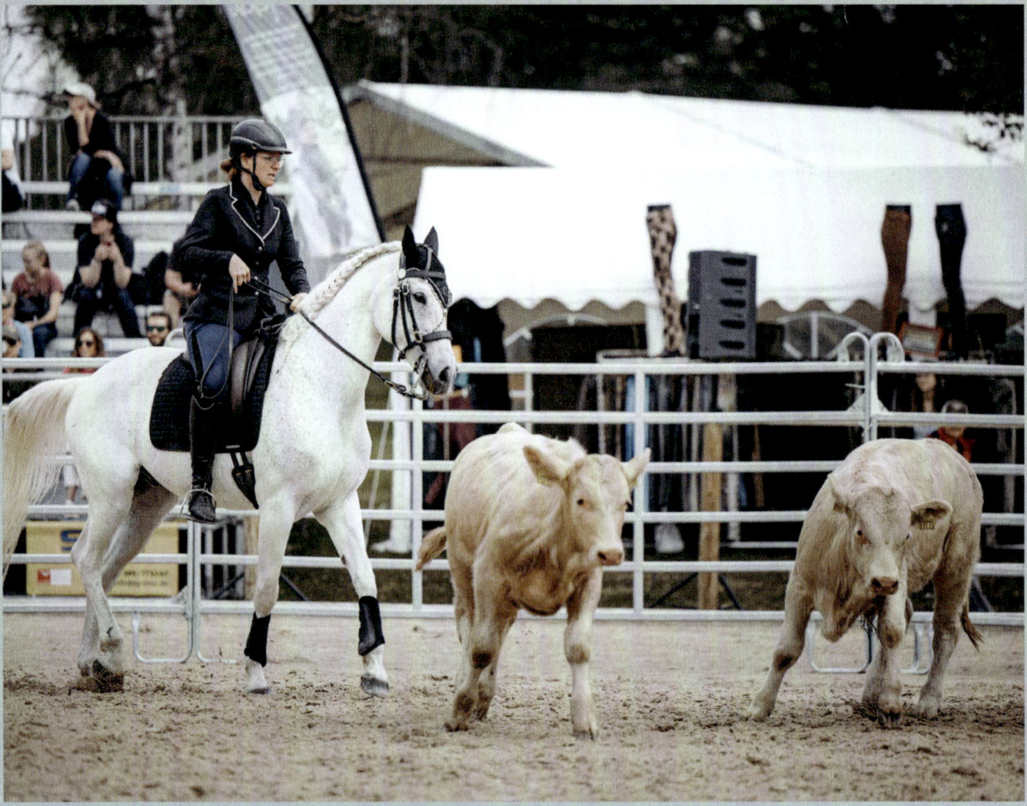

Cow Sense kann man lernen

Die Rinderarbeit ist der eigentliche Ursprung der Working Equitation, aus dieser Arbeit entstanden die einzelnen Elemente. Alle benötigten Manöver und Übungen werden in der Dressur oder im Trail erarbeitet.

ABWECHSLUNG

Rinderarbeit ist eine abwechslungsreiche und interessante Alternative, mit seinem Pferd Spaß zu haben. Auch nach anfänglicher Unsicherheit lernen Pferd und Reiter schnell, dass es toll ist, mit einer Rinderherde zusammen durch ein Areal zu gehen.

In den meisten Ländern, in denen die Working Equitation als Sportart ausgeübt wird, findet Rinderarbeit im Rahmen eines Turnieres sehr häufig statt, in anderen ist sie aber aufgrund der fehlenden Rindertradition nicht üblich.
Es gibt verschiedene Systeme, wie Rinderarbeit durchgeführt wird: in Teamarbeit oder als Einzeldisziplin. In allen Ländern steht der Tierschutz immer an allererster Stelle.

VORAUSSETZUNGEN

Um die Arbeit am Rind zu erlernen, wurden schon sehr früh Rindertrainer ausgebildet, die deutschlandweit spezielle Kurse anbieten. Hier kann jeder Interessierte eine Einführung und Ausbildung erhalten, um einen sogenannten „Rinderschein“ zu bekommen. Mit diesem Schein ist man berechtigt, auf dem Turnier eine Rinderprüfung zu reiten. Man lernt den korrekten Umgang mit dem Rind, einiges zu den Themen Sozialverhalten und Bedürfnisse sowie die gesetzlichen Vorgaben, um einen artgerechten Umgang zu gewährleisten. Tierschutz wird ernst genommen. Auch das Herdenmanagement wird gelehrt.
Die Arbeit mit den Rindern muss immer in einem geeigneten Areal stattfinden, eine stabile Einzäunung mit ausreichender Höhe ohne Spitzen und scharfe Kanten ist sehr wichtig, um Verletzungen der Tiere zu vermeiden. Auch muss der Gesundheitszustand der Rinder in Ordnung sein und ihr Alter passen.

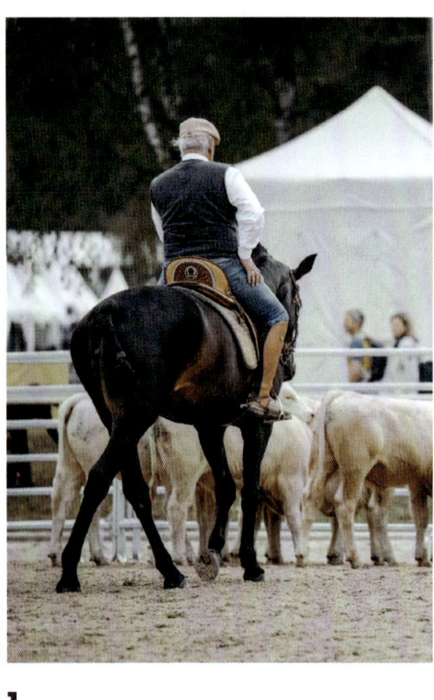

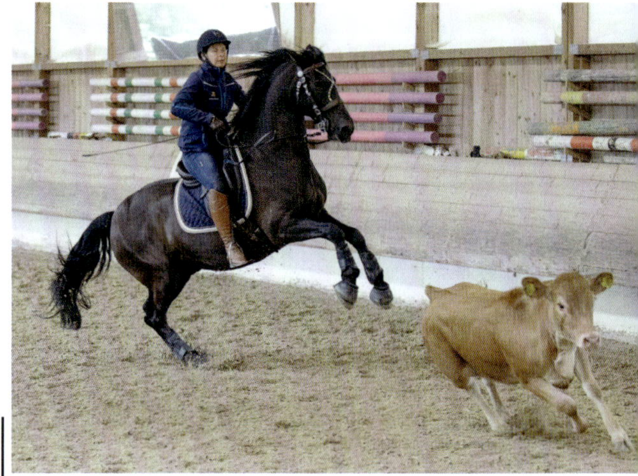

1 Das zugeordnete Rind sollten Sie niemals aus den Augen verlieren.

2 Beim Treiben sind schnelle Reaktionen des Pferdes von großem Vorteil.

GRUNDLEGENDE MANÖVER

Die Ausbildung des Pferdes muss ein gewisses (auch altersbedingtes) Level haben, wobei auf verschiedene Rittigkeitsmerkmale zu achten ist.
Um erfolgreich am Rind arbeiten zu können, sind vier Manöver notwendig.

1. Speedcontrol

Der Reiter sollte die Geschwindigkeit von Gangart zu Gangart und in den Tempi innerhalb einer Gangart seines Pferds in jeder Situation beherrschen können. Ein Beispiel: Das Pferd muss sehr langsamen und ruhigen Schritt in der Herde gehen und dann sofort in einen schnellen Trab wechseln, um dem Rind zu folgen.

2. Vorhand- und Hinterhandkontrolle

Das Pferd sollte sich leicht und unabhängig voneinander in Vor- und Hinterhand verschieben lassen, damit der Reiter den Winkel zum Rind schnell und sicher verändern kann. Ein Beispiel: Der Reiter möchte das Rind umdrehen. Das geht am schnellsten, wenn das Pferd die Vorhand um die Hinterhand wendet – so, dass das Rind den Weg auf die andere Seite frei bekommt.

3. Rückwärtsrichten

Das Rückwärtsrichten ist eine sehr wichtige Möglichkeit, seine Position schnell zu verändern, wenn man nicht korrekt zum Rind steht. Ein Beispiel: Das Rind fühlt sich zu sehr bedrängt und reagiert unruhig. Weichen Pferd und Reiter ein paar Schritte zurück, ist der Druck sofort weg vom Rind.

4. Schenkelakzeptanz

Die Schenkelakzeptanz sorgt für eine seitliche Verschiebung des Pferdes, Blick und die Vorhand sollten niemals vom Rind weggeführt werden. Schenkelweichen oder Schulterherein sind die

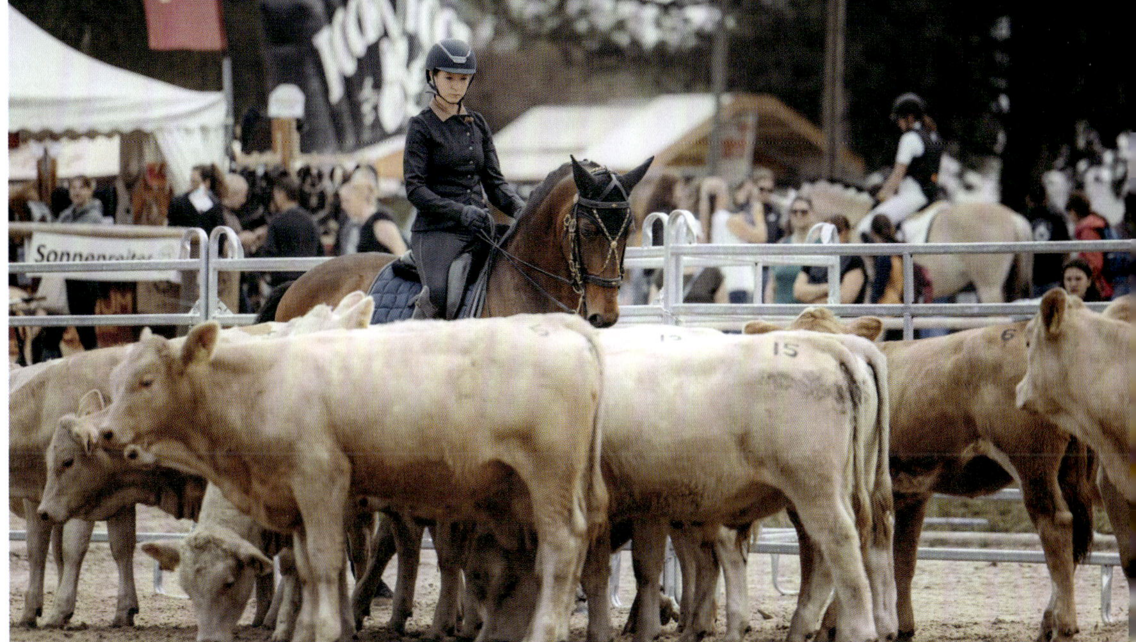

Das Pferd sollte immer ruhig und langsam in eine Herde hineingehen, damit die Rinder nicht unruhig werden.

häufigsten Lektionen, die hier gebraucht werden, also ein Weichen des einseitig treibenden Schenkels. Ein Beispiel: Der Reiter muss seine Position schnell von einer zur anderen Seite verschieben, und das auf einer Linie, ohne die Vorhand zu drehen. Können diese vier Grundbausteine bei der Dressurarbeit geritten werden, kann das Training am Rind beginnen.

MIT RINDERN

Nach einigen anfänglichen Übungen in einer ruhigen Herde merkt man, dass das Pferd begreift, dass ein Rind weggeht, wenn es darauf zuläuft. Nun kann man beginnen, gezielt einzelne Rinder zu treiben und durch eine Positionsveränderung mithilfe der vier Manöver in eine bestimmte Richtung zu lenken.

Nach einiger Zeit kann das Pferd-Reiter-Paar immer gezielter und schneller ein Rind aus der Herde separieren und treiben, die Kontrolle über das Rind ist gegeben. Jetzt kann an der Aufgabenstellung für ein Turnier gearbeitet werden.

Bei Turnieren gibt es unterschiedliche Systeme. Beim System mit Helfern stehen die drei Helfer an der Grundlinie und unterstützen beim Sortieren, damit nur das zu arbeitende Rind den Herdenbereich verlässt. Sie dürfen auch beim Treiben in den sogenannten Coral helfen. Beim System ohne Helfer ist der Reiter auf sich allein gestellt und muss deutlich ruhiger in der Herde arbeiten, um nur das zu arbeitende Rind zu separieren und es dann in den Coral zu treiben. Je nach Leistungsklasse muss das Rind innerhalb des Areals weit getrieben oder auch einige Sekunden in diesem Bereich gehalten werden, damit es nicht wieder zurück zur Herde läuft.

COW SENSE

Mit der Zeit entwickelt das Pferd den sogenannten Cow Sense, der manchen Pferderassen wie Quarter Horses oder auch dem Lusitano angeboren ist. Durch die richtige Herangehensweise kann das aber jedes Pferd lernen. Auch Pferde, die Angst vor Rindern haben, merken schnell, wie cool die Sache eigentlich ist.

»In der Working Equitation erkennt man den Sinn der Dressur nicht nur für die Gesundheit, sondern auch für die Rittigkeit: Das Pferd muss auf feinste Hilfen reagieren, sonst ist das Rind weg!«

Andrea Tölle
Trainer B, erfolgreich in der WE bis Klasse L, in Dressur bis Klasse M**

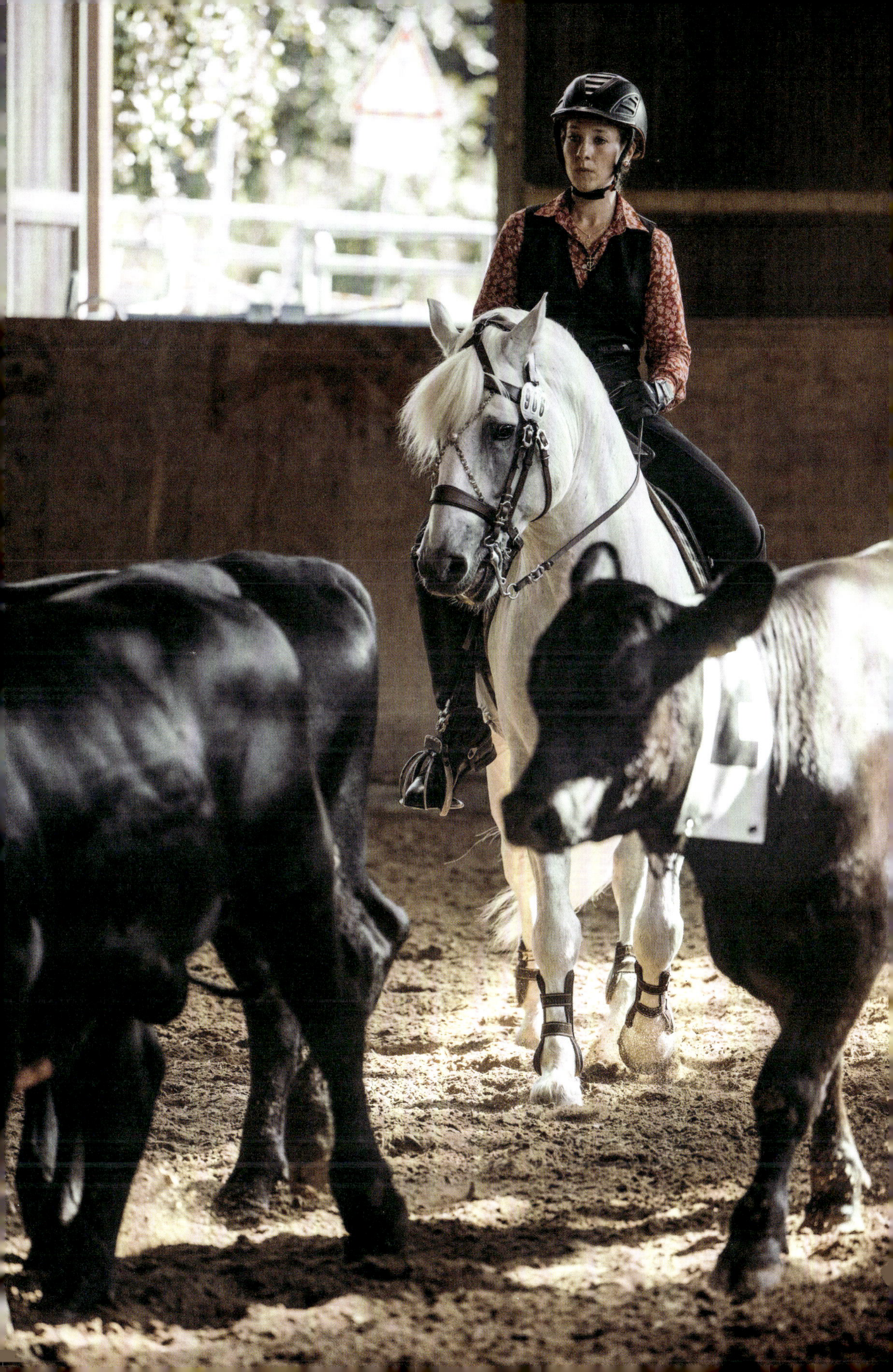

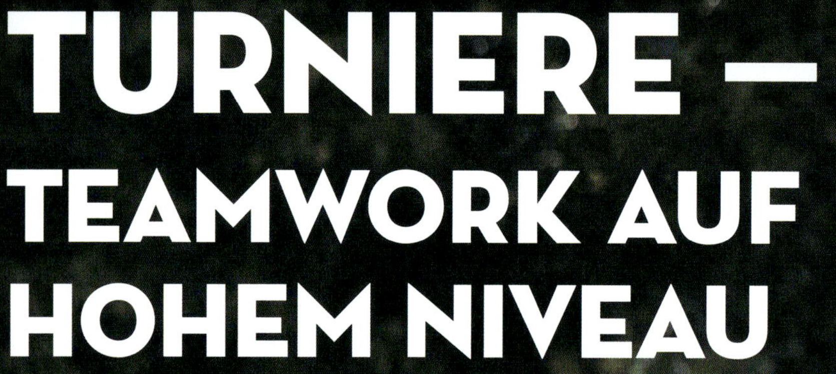

TURNIERE – TEAMWORK AUF HOHEM NIVEAU

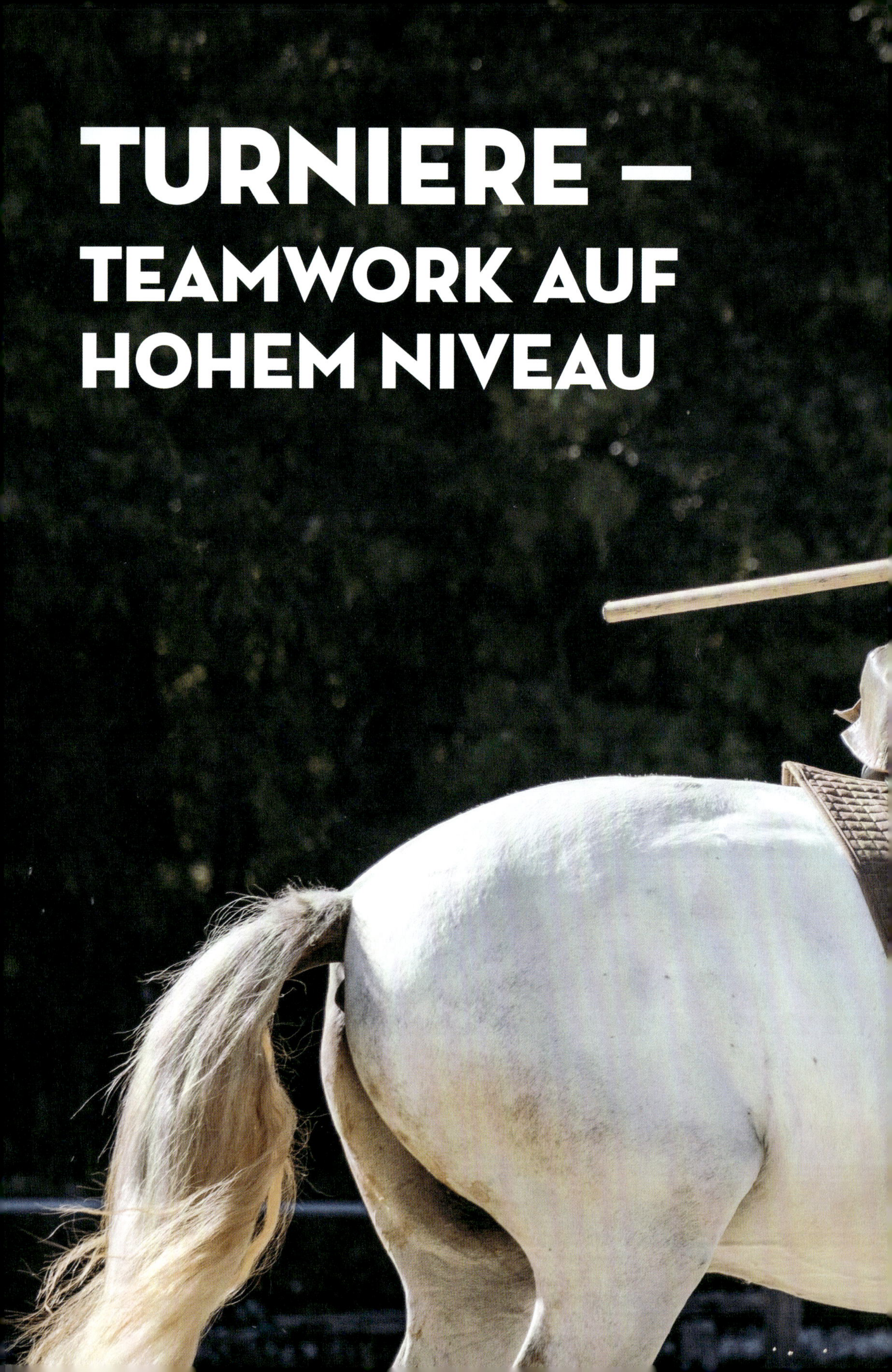

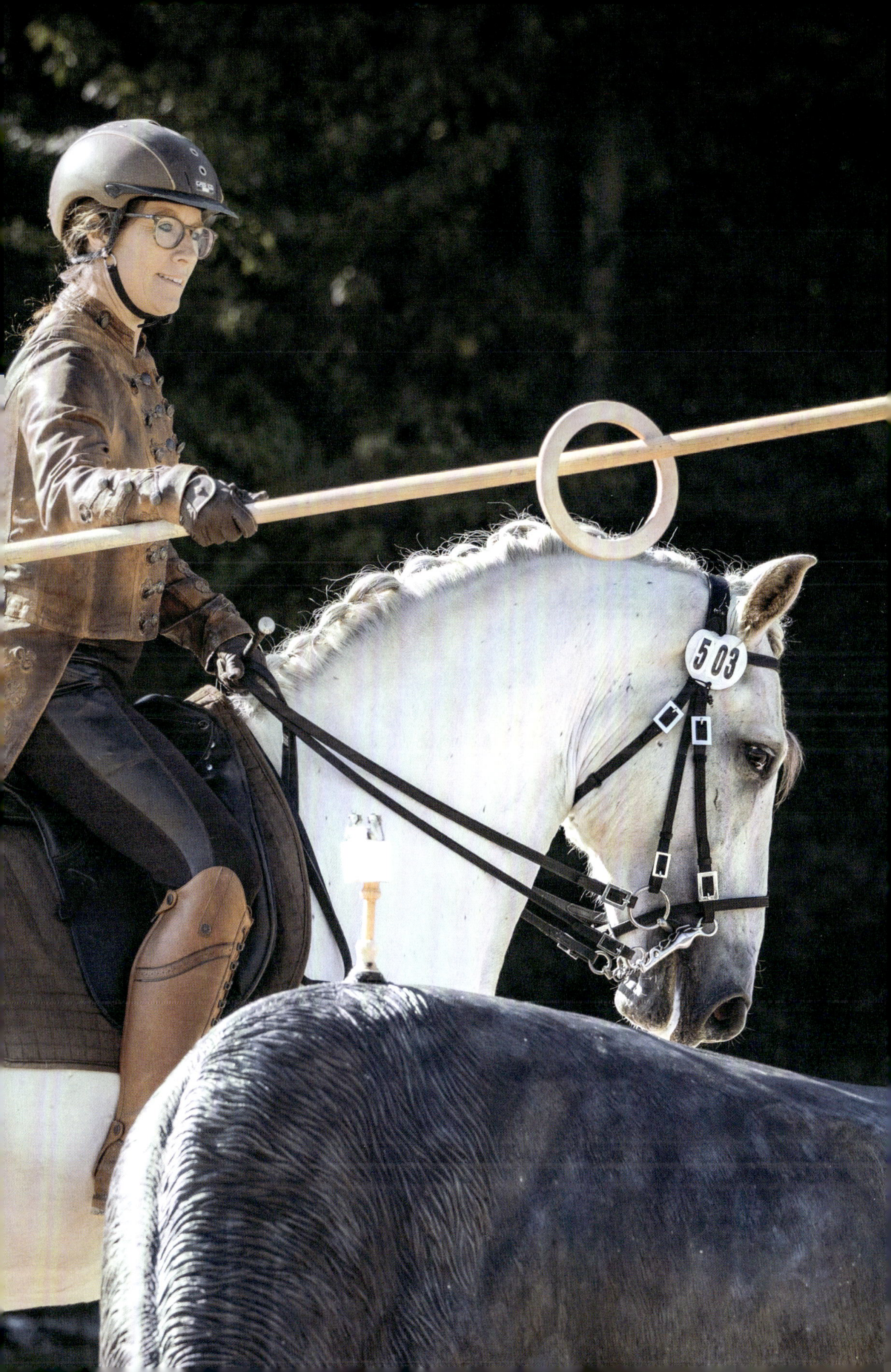
503

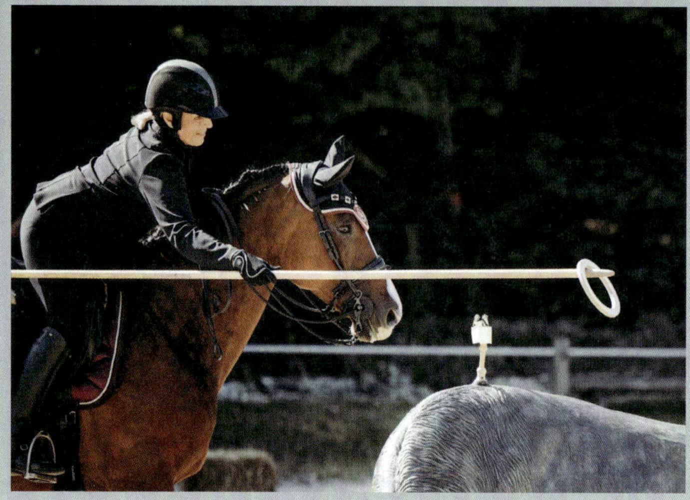

TURNIERFEELING FÜR JEDERMANN

Mitfiebern und sich gegenseitig unterstützen – die Karten werden immer wieder ganz neu gemischt.

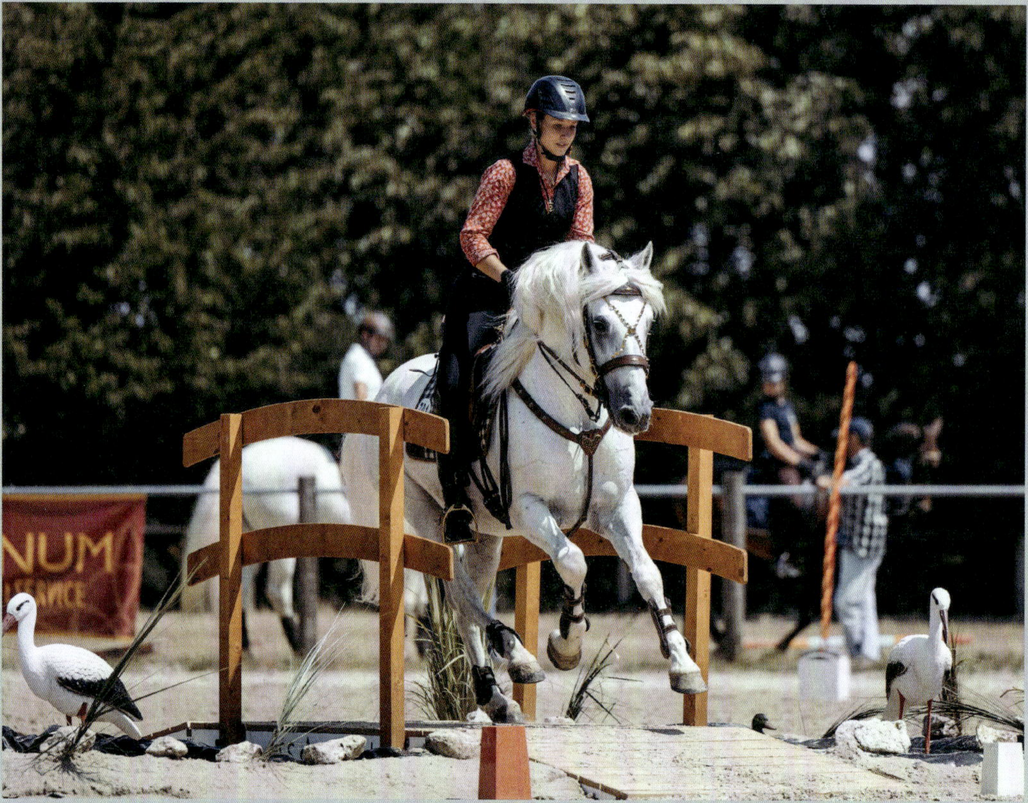

Vorbereiten und starten – So geht es

Wer Spaß an der Working Equitation gefunden hat, möchte vielleicht auch ein wenig Turnierluft schnuppern und selbst an einem Wettkampf teilnehmen. Die besondere Atmosphäre, das Miteinander und die Vielfalt der Disziplinen machen Working-Equitation-Turniere zu etwas ganz Besonderem.

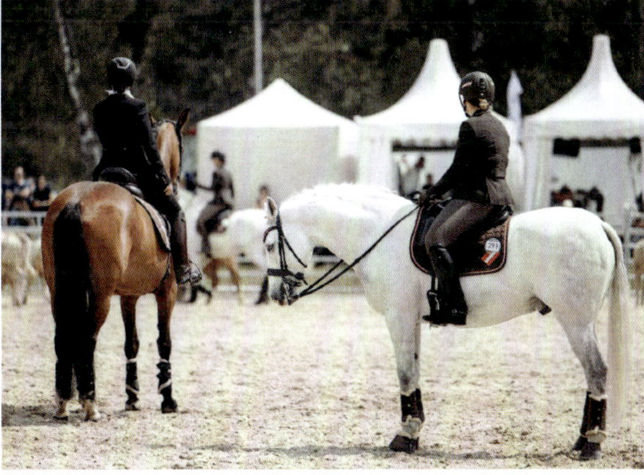

Ob im Team oder als Einzelreiter: Die Worker sind eine Familie.

Wie bei anderen Turnieren auch müssen im Vorfeld einige Dinge beachtet werden, wenn man sich anmelden möchte.
Als Erstes sollte man den Impfstatus seines Pferdes überprüfen, es gelten die üblichen Vorgaben, welche Impfungen Pflicht sind und welche freiwillig. Die Impfzyklen koordiniert man am besten mit dem Haustierarzt: Es gibt gewisse Wartezeiten, die eingehalten werden müssen, um an einem Turnier starten zu dürfen.
Das Pferd muss nicht bei FN, dem deutschen Dachverband der Reiterei, eingetragen sein.

DAS PASSENDE TURNIER

Alle offiziellen Turniere müssen beim WED (Working Equitation Deutschland e. V.) angemeldet sein und sind dort auf der Internetseite einzusehen, ebenso wie die Kontaktanschrift für das jeweilige Turnier. Meist findet man einen Link, der zu der Ausschreibung mit Anmeldeformular führt.
Es gibt auch Turniere, die zusätzlich über die WBO (Wettbewerbs-Breitensport-Ordnung) angemeldet sind. Hier findet man die Ausschreibung auf der Plattform von FN-Neon.de, das Anmeldeformular ist als Download verfügbar.

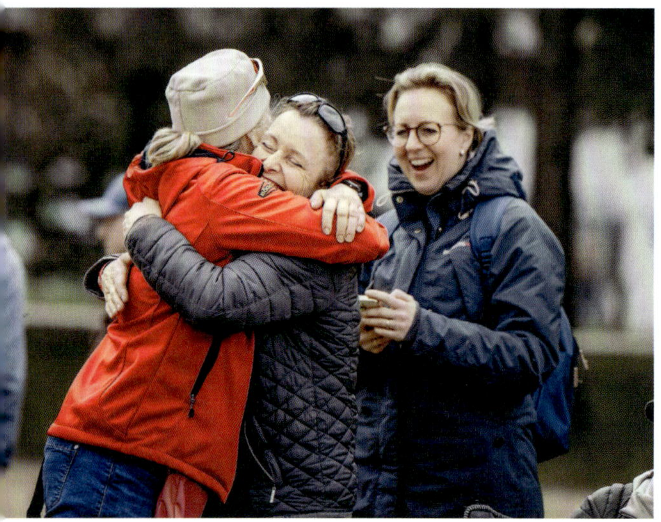

Die gegenseitige Freude über erfolgreiche Ritte ist ein bekanntes Bild in der Working Equitation.

Hat der Reiter ein zeitlich passendes Turnier gefunden hat, geht es darum, die Ausschreibung genau anzusehen. Sie enthält wichtige Informationen:
– Veranstalter des Turnieres
– Veranstaltungsort (kann von der Adresse des Veranstalters abweichen)
– Datum der Veranstaltung
– Meldeschluss für das Turnier
– Eingeladene Richter
– Örtliche Gegebenheiten wie Halle oder Platz mit Sand oder Wiese
– Besondere Bestimmungen (Regeln zum Verhalten vor Ort und Haftungsauflagen, Aufstallpflicht und anderes Wissenswertes)
– Anzahl und Klasse der Prüfungen
– Anzahl der zu vergebenen Startplätze je Klasse
– Die einzelnen Prüfungen in der vorgegebenen Klasse und ihre Anforderungen, z. B. minimales Alter des Pferdes, die Dressuraufgabe, Startreihenfolge nach Los oder Anfangsbuchstaben der Pferde, geforderte Teilprüfungen etc.
– Gebühren für den Startplatz
– Gebühren für die Unterbringung in Boxen oder Paddock (die Kosten für den Startplatz und die Unterbringung können variabel sein, je nach Infrastruktur und Sponsoring).

Das Anmeldeformular muss ausgefüllt und an den Veranstalter geschickt werden. Auch die Gebühren muss man rechtzeitig vor dem Meldeschluss überweisen, nur dann kann der Veranstalter den Startplatz für den Reiter eintragen. Sind in einer Klasse alle Startplätze bereits vergeben, kann man sich auf die Warteliste setzen lassen. In der Regel fallen immer wieder Reiter schon im Vorfeld raus, weil sich z. B. das Pferd verletzt hat oder der Reiter an dem Termin doch nicht kann. Es lohnt sich, Geduld zu haben und immer wieder nachzuschauen. Einige Tage vor Turnierbeginn wird die Zeiteinteilung veröffentlicht, meist zeitgleich mit den Trailskizzen. Damit steht fest, um welche Uhrzeit die genannte Prüfung losgehen soll.

MELDEN

Bei manchen Turnieren ist eine Anmeldung per Telefon oder Internet vorgesehen. Dies hilft dem Veranstalter, vor Prüfungsbeginn den zeitlichen Rahmen der einzelnen Prüfungen abzuschätzen und gegebenenfalls den Zeitplan etwas anzupassen.

MIT MUSIK

Der Reiter findet in der Ausschreibung, welche Dressuraufgabe verlangt wird,

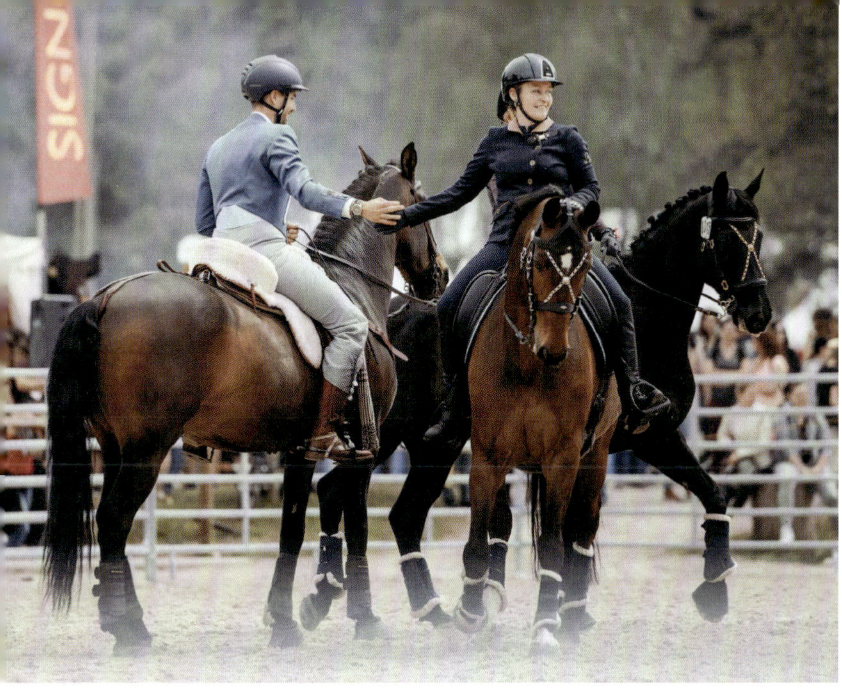

Teamarbeit gibt es in der Working Equitation auch länderübergreifend – hier ein Team aus Spanien, Holland und Deutschland

die aktuelle Version steht immer auf der WED-Seite. Die Dressuraufgabe wird mit Musik geritten– es ist also ratsam, die Aufgabe im Vorfeld zu reiten und die Zeiten der einzelnen Gangartabschnitte zu stoppen. Dann sucht man sich zur jeweiligen Gangart passende Musik und schneidet die verschiedenen Lieder entsprechend der Zeiten zu. Alternativ kann man auch ein einzelnes Musikstück wählen, das sollte allerdings dann eher der Untermalung dienen. Musik ist auch für alle anderen Teildisziplinen gefordert (außer für die Rinderarbeit).
Falls es dem Reiter nicht möglich ist, auf einem Stick die zu den Teildisziplinen passende Musik mitzubringen, bieten manche Veranstalter auch an, Musik zur Verfügung zu stellen. Allerdings hat man dann nicht unbedingt Einfluss auf die Musikauswahl.

TRAILSKIZZEN

Der Veranstalter kann eine Woche vor dem Turnier die Trailskizzen veröffentlichen, so haben die Reiter im Vorfeld Zeit, die verlangten Hindernisse noch mal zu üben, die Reihenfolge der Hindernisse zu lernen und sich Gedanken zur möglichen Wegeführung zu machen.

DAS OUTFIT

Jetzt muss noch das passende Outfit für Pferd und Reiter gefunden werden. Es ist sinnvoll, beim Pferd das übliche Trainingsequipment zu nutzen. Es ist auf das Pferd abgestimmt und Pferd und Reiter vertraut. Falls man etwas anderes verwenden möchte, sollte man damit im Vorfeld einige Male reiten, um das Pferd daran zu gewöhnen.
Der Sattel und die Zäumung sollten stilmäßig zusammenpassen – wer einen Westernsattel hat, nimmt auch den Westernzaum. Falls das Gebiss aus einer anderen Sparte kommt, ist das in Ordnung. Wichtig ist, das Pferd fühlt sich damit wohl und geht zufrieden.

Tipp

Achtung, auf dem Papier sieht ein Parcours immer etwas anders aus als in der Realität, deshalb dient die Trailskizze nur als Orientierungshilfe.

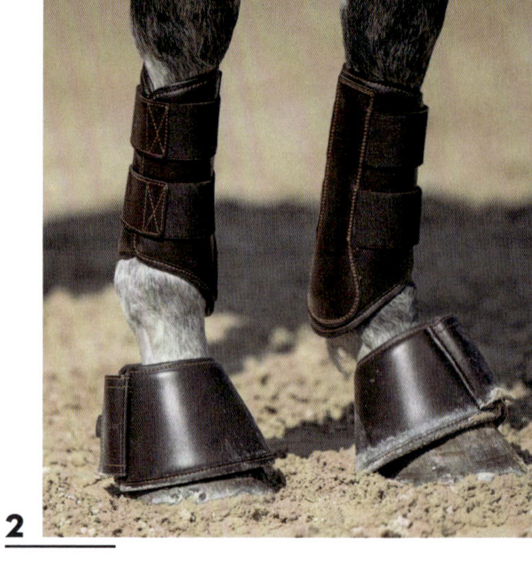

2

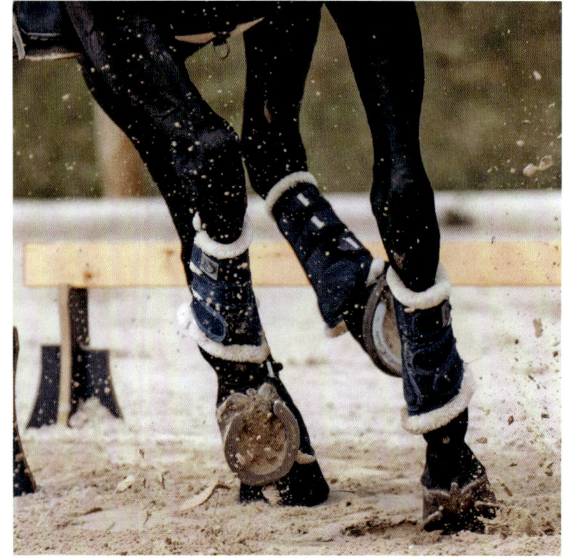

1

1 Beinschutz ist für den Trail und die Rinderarbeit ratsam.

2 Im Speedtrail sind Gamaschen und Glocken erlaubt.

BEINSCHUTZ

Auf dem Abreiteplatz ist jede Art von Beinschutz erlaubt, allerdings muss man daran denken, ihn zu entfernen, bevor man ins Viereck oder auf den Trailplatz reitet. Sonst kann man für diese Teildisziplin disqualifiziert werden.

Im Laufe der Jahre hat sich in Deutschland der „Offizierszaum" etabliert, das ist eine an das Militär angelehnte Zäumung mit Ketten, die dazu dienten, das Pferd vor Schwerthieben und daraus resultierenden Verletzungen zu schützen. Diese Zäumung ist allerdings keine Pflicht.

Vorderzeug und Schweifriemen sind in der Working Equitation erlaubt. Die Satteldecke und die Gamaschen oder auch Bandagen sollten in dezenter Farbe passend zueinander gewählt werden. Aber Achtung: In der Dressur sind Gamaschen nicht erlaubt, hier sollte man auf jeden Fall auf Beinschutz verzichten. Im Dressurtrail dürfen Gamaschen verwendet werden, Glocken dagegen erst im Speedtrail.

Beim Reiter ist ein optisch harmonisches Bild wichtig, allerdings kommt Sicherheit immer vor Optik. Niemand muss sich eigens ein Turnieroutfit kaufen, nur weil er einmal an einem Wettbewerb teilnehmen möchte. Meist reicht ein Blick in den Kleiderschrank: Eine ordentliche Reithose in gedeckter Farbe mit den alltäglichen Reitstiefeln, ein weißes, langärmliges Hemd mit einer Weste und ein der DIN-Norm entsprechender Reithelm sind genug. Ein hübsches Halstuch bei den Damen und die Krawatte bei den Herren sind ein kleiner optischer Hingucker für Richter und Zuschauer.

Tipp

An der Zäumung oder an der Satteldecke muss während des ganzen Turniers eine Startnummer befestigt sein, das dient der Identifikation auch außerhalb des Vierecks oder Trailparcours.

AUF DEM TURNIER

Der Tag des Turniers ist gekommen. Die Anreise sollte im Vorfeld gut geplant werden, ein zeitlicher Puffer ist immer ratsam. Es gibt nichts Schlimmeres, als vor einem Prüfungsstart in Zeitnot zu geraten.

Am Turnierplatz angekommen sollte man das Fahrzeug auf dem ausgewiesenen Parkplatz abstellen und als Erstes zur Meldestelle gehen. Hier meldet man sich an, legt den Pferdepass vor, erfragt die Kopfnummer und erfährt meist die Startreihenfolge mit der genauen Startzeit. Bei einigen Turnieren ist die Reihenfolge auch im Internet einzusehen, ebenso wie die vorläufigen Ergebnisse und Platzierungen. Die Musik ist entweder an der Meldestelle oder beim Musikmaster abzugeben, üblicherweise auf einem gut beschrifteten Stick. Ist das erledigt, sucht man sich eine Wasserquelle für sein Pferd.

Es ist gut, das Pferd früh genug zu richten und abzureiten. Es soll optimal warm und gelöst sein, wenn es losgeht. Hierfür gibt es keine genaue Regel, jedes Pferd braucht unterschiedlich lange, die Erfahrung hat aber gezeigt, dass der optimale Zeitrahmen bei etwa 40 Minuten liegt. Nach der ersten Disziplin, der Dressur, ist in der Regel eine Pause vorgesehen. In dieser Zeit kann man mit seinem Pferd entspannen und sich dann auf den nächsten Teil, den Dressurtrail, vorbereiten. Es kommt ab und zu vor, dass die Reihenfolge der einzelnen Teilprüfungen vertauscht ist, das hat organisatorische Hintergründe.

Auch die Junioren können schwungvoll durch den Speedtrail reiten.

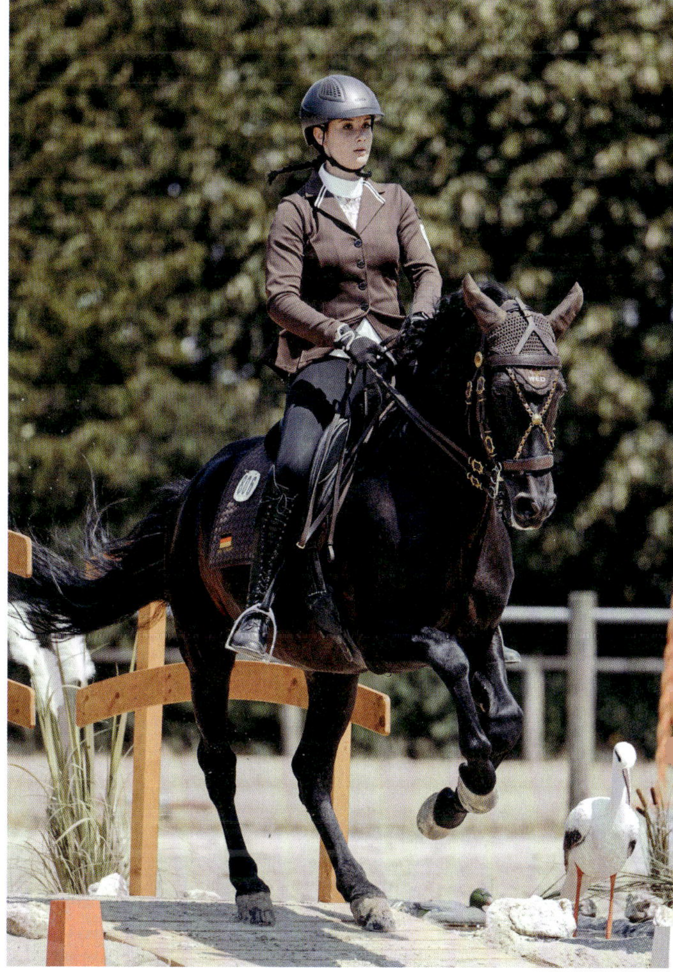

Tipp

Bei der Parcoursbegehung ist auch ein Richter anwesend, den man zu den einzelnen Aufgaben befragen kann. Bitte keine Scheu davor, vor allem, wenn Dinge unklar sind. Genau für diese Fragen ist der Richter mit im Parcours!

Bevor es in den Trail geht, gibt es eine Parcoursbegehung von ca. 15 Minuten. Hier hat jeder Reiter die Möglichkeit, den Parcours ohne Pferd zu durchzulaufen, alle Hindernisse genau zu betrachten (oder auch zu testen). Zur Parcoursbegehung muss der Reiter in vollständiger Turnierkleidung erscheinen, also auch Stiefel ohne Sporen tragen und den Helm (der aber nicht auf dem Kopf sein muss). Ebenfalls erlaubt ist Verbandskleidung als warme Jacke über dem Jacket.
Vor und nach jeder Teilprüfung finden in der Regel kurze Checks durch eine dafür bestimmte Person statt, da in der Working Equitation die „No Blood"-Regel gilt. Kommt der Reiter nach der sogenannten Gebisskontrolle in den Parcours, kann er noch eine große Runde außen herumreiten. Diese Zeit ist sehr nützlich, um dem Pferd alles zu zeigen oder auch etwas näher an Hindernissen vorbeizureiten, wie z. B. der Brücke. Das kann dem Pferd später im Parcours helfen, entspannter an aufwendig geschmückte Hindernisse heranzugehen. Anschließend muss zum Chefrichter geritten werden, in einem höflichen Abstand von ca. 10 Metern wird gegrüßt, erst dann ertönt die Glocke.

LOS GEHT'S

Ab dem Glockensignal hat der Reiter 60 Sekunden Zeit, die Startlinie zu überreiten. Nach dem Glockensignal darf man auch keinesfalls mehr einfach Hindernisse durchreiten (Slalom- oder Stierlinien), denn dies führt zur Disqualifikation, ehe man richtig angefangen hat. Also Achtung: Die rot-weißen Markierungen gehören auch schon zum jeweiligen Hindernis dazu, ein Queren dieser Linien führt bereits zum Ausschluss!
Am Ende des Trailparcours ist der Schlussgruß nach dem Durchreiten der Ziellinie zu tätigen. Auch diese Geste gehört dazu – wer es vergisst, wird disqualifiziert. Und erst wenn

Korrekte und sicherheitsrelevante Kleidung ist Pflicht.

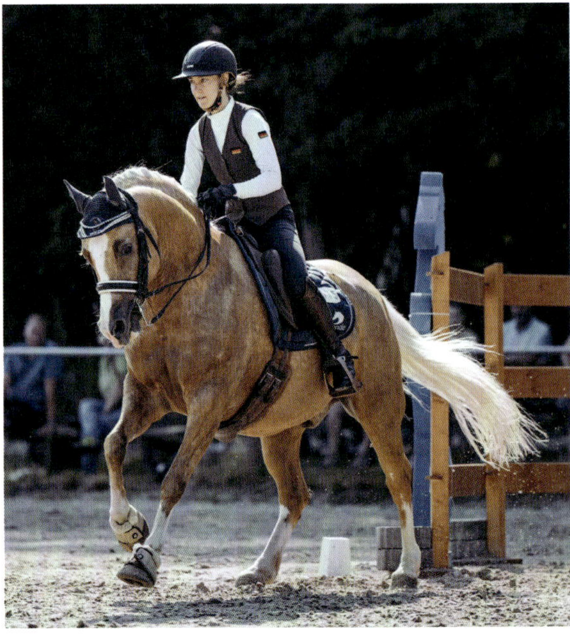

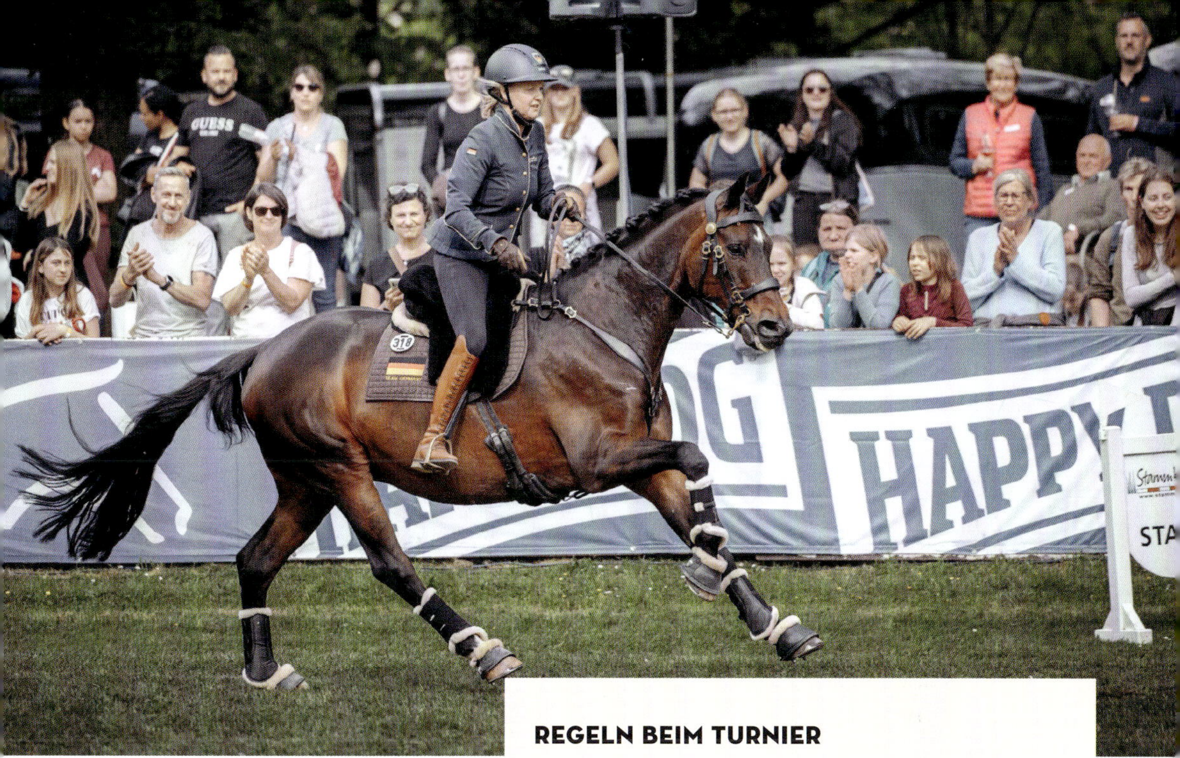

Das Durchreiten der Start- und Ziellinie gehört genauso wie die Hindernisse zum Parcours.

auch die anschließende Gebisskontrolle in Ordnung ist, kann sich der Reiter über ein erfolgreiches Absolvieren des Trails freuen.

Nach Beendigung der Teilprüfungen werden alle Ergebnisse in Punkte umgewandelt: Der erste Reiter erhält die Punkte n+1, der Zweitrangierende n-1, der Dritte n-2 usw., wobei „n“ die Nennungen, also die Anzahl der Starter, kennzeichnet.

Diese Punkte werden zusammengezählt und der Reiter mit der höchsten Punktzahl gewinnt die Prüfung.

Bei Punktegleichheit gibt das Ergebnis aus der Dressur den Ausschlag.

REGELN BEIM TURNIER

Disqualifikation in der Dressur

- Vor der Glocke mit der Aufgabe beginnen
- Unkorrekte Kleidungsstücke
- Reiten mit Beinschutz
- Gruß vergessen
- Dreimaliges Verreiten
- Ungeplantes Verlassen des Vierecks
- Mehrfacher grober Ungehorsam des Pferdes
- Unkorrektes Verhalten dem Pferd gegenüber
- Eindeutige Überforderung des Pferdes
- Blut am Pferd

Disqualifikation im Stil- und Speedtrail

- Gruß am Anfang vergessen (im Stil- und Speedtrail)
- Gruß am Schluss vergessen (nur im Stiltrail notwendig)
- Durchreiten der Startlinie vor der Glocke
- Nicht-Durchreiten der Start- und Ziellinie
- Queren von Hindernissen nach der Glocke
- Dreimaliges Verweigern eines Hindernisses
- Nichteinhaltung der Reihenfolge der Hindernisse
- Falsches Absolvieren eines Hindernisses ohne Korrektur
- Nicht-Durchreiten der Rot-weiß-Markierungen beim Ein- und Ausritt eines Hindernisses
- Blut am Pferd

Faszination Working Equitation

Working Equitation ist ein Sport für jeden Reiter, jedes Pferd, jedes Alter und jeden Reitstil. Man kann auf dem Niveau einsteigen, auf dem man sich gerade befindet. Da pferdefreundliche Ausbildung immer auf Kommunikation und Vertrauen basiert, ist es sehr leicht, die Working Equitation als zusätzliche Bereicherung zu nutzen. Egal ob ambitionierter Sportreiter oder „klassischer" Freizeitreiter: Alle fühlen sich wohl und finden Freude an den Aufgaben.
Ein Sportpferd wird durch die Exaktheit der einzelnen Aufgaben besser geschult für die Dressur. Ein typisches Beispiel ist das Rückwärtsrichten: Übt man das an den entsprechenden Hindernissen, wird es im Dressurviereck fast langweilig. Der Freizeitreiter kann an der eigenen Motivation arbeiten, sein Pferd mehr zu biegen und zu stellen, damit das Umrunden von Tonnen besser und genauer wird. Wir vermitteln dem Pferd keine „sinnlose" Sache, es soll nicht einfach nur im Kreis laufen, sondern ein Objekt umrunden. Und schon kommt mehr Spaß in die Arbeit.
Auch Situationen des einfachen Reiteralltags sind durch die Working Equitation schlüssiger und klarer. Viele Pferde haben z. B. mit dem Stehenbleiben, ob in der Bahn, an der Bande oder auch im Gelände, ein großes Problem. Dieses Defizit kann zu einer Gefahr werden. In der Working Equitation ist das ruhige Stehenbleiben ein sehr wichtiges Element und wird logisch vermittelt. Somit helfen die einzelnen Hindernisse in vielen Bereichen, den Reiteralltag zu verbessern.

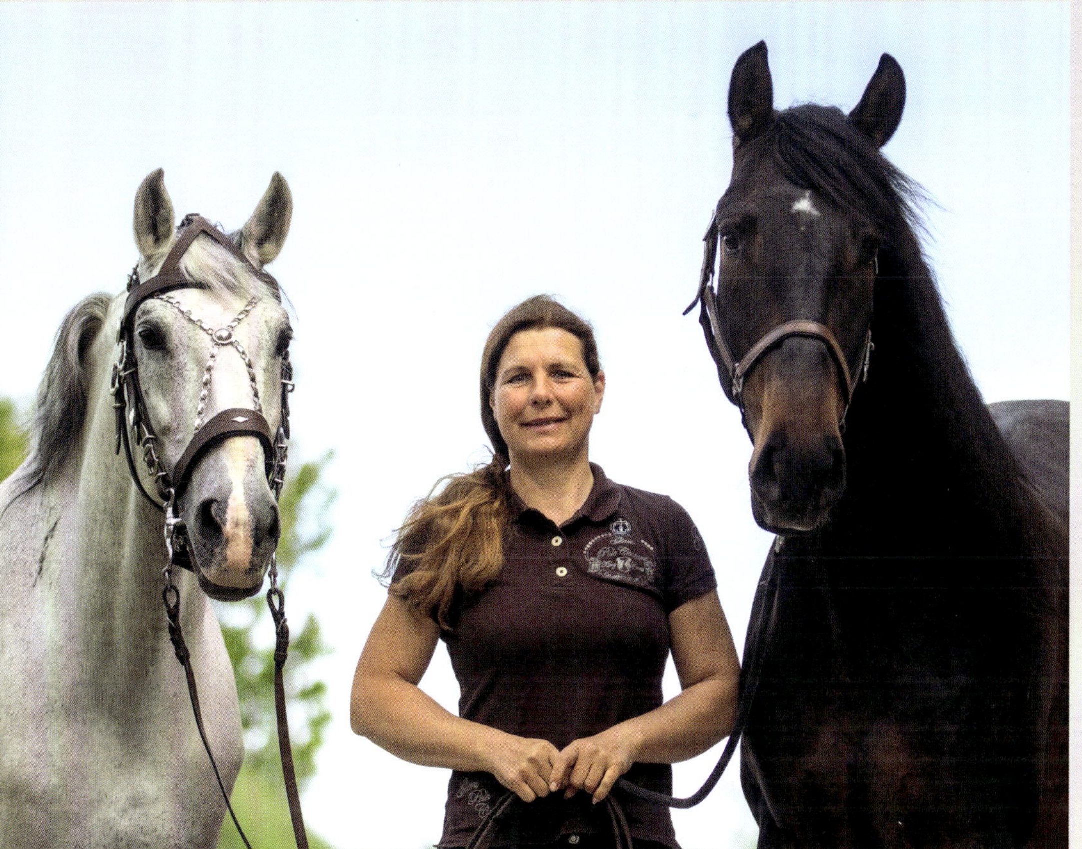

Working Equitation begeistert und bereichert!

Ein ganz großes Plus dieser Sportart ist auf jeden Fall die Vielseitigkeit, die die verschiedenen Aufgaben mit sich bringen. Auch kleine Kinder können viele Hindernisse logisch lösen, dies fördert das Denken und Verknüpfungen im Gehirn. Das Durchreiten eines Slaloms schult das Verständnis für Linien und Orientierung. Das eine oder andere Hindernisse zeigt auf, dass manche Dinge nicht immer funktionieren und man andere Wege suchen muss. Auch für ältere Sportler ist es eine geistige Anforderung, präzise Aufgaben zu lösen, ohne unnötige Wege zu bestreiten. So findet jeder seine persönliche Herausforderung in der Working Equitation – aber vielleicht auch das, was ihm ganz besonders Freude macht.

»Die Working Equitation schult Geist und Körper.«

Mirjam Wittmann

Meine Pferde

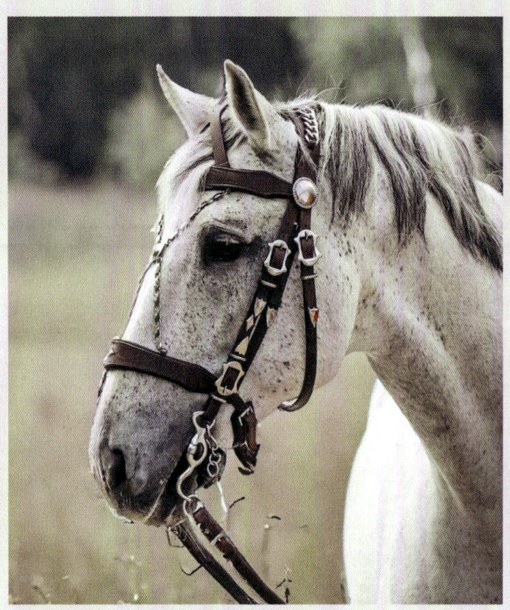

DINIZ

Diniz ist ein 2008 geborener Lusitano-Anglo Araber-Hengst. Er kam mit elf Jahren zu mir und sollte mir eigentlich nur zur Verfügung gestellt werden. Doch als die Besitzer ihn verkaufen wollten, konnte ich ihn nicht mehr hergeben.
Er ist ein sehr sensibler, reaktionsschneller und treuer Freund geworden, der alles für mich tut. Durch seine besondere, spezielle Art hat er mich viel gelehrt und mich in der Art und Weise, wie ich mit Pferden arbeite, sehr viel weitergebracht. Auch seine sportlichen Erfolge bis zur Bronzemedaille auf der Europameisterschaft 2023 zeigen die Einzigartigkeit dieses Pferdes.

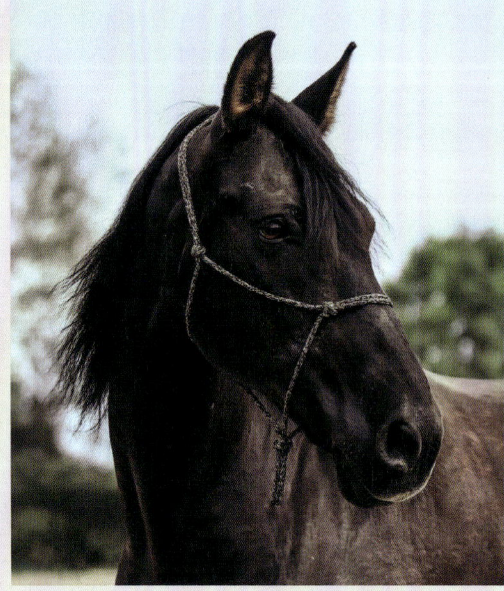

DORADO JK

Dorado wurde 2007 geboren, ein PRE-Wallach. Sein Besitzer kam 2013 auf mich zu und wollte, dass ich aus diesem „Rettungspferd" ein Reitpferd für seine Tochter mache.
Nach einer Rehazeit wurde er immer besser, allerdings eignete er sich immer noch nicht als Kinderreitpferd. Also nahm ich ihn einfach mal mit auf ein Working-Equitation-Turnier – das er direkt gewann!
2021 war er deutscher Vizemeister und 2022 gewann er die Bronzemedaille bei der deutschen Meisterschaft. Er ist ein toller Sportpartner und Wegbegleiter, hat immer Freude an der Arbeit und ließ schon so manchen Zweifler staunen.

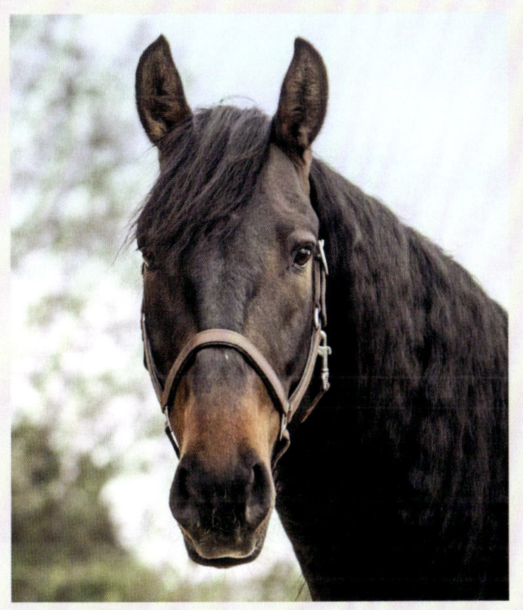

PIRATA DO GAIO

Pirata do Gaio ist ein PSL Lusitano-Wallach und wurde 2019 geboren. Mein kleiner Pirat ist ein vielversprechender und sehr von sich überzeugter Bursche, der durch seine offene und neugierige Art wie geschaffen ist für die Working Equitation. Er möchte bei allem immer dabei sein! Jedes Hindernis wird sofort ausgiebig begutachtet und auf Stabilität getestet ...
Seine Voraussetzung, ein guter Worker zu werden, ist ihm in die Wiege gelegt. Sein erstes Turnier hat er bereits mit Bravour gemeistert undich bin gespannt, wohin die Reise mit ihm noch gehen wird.

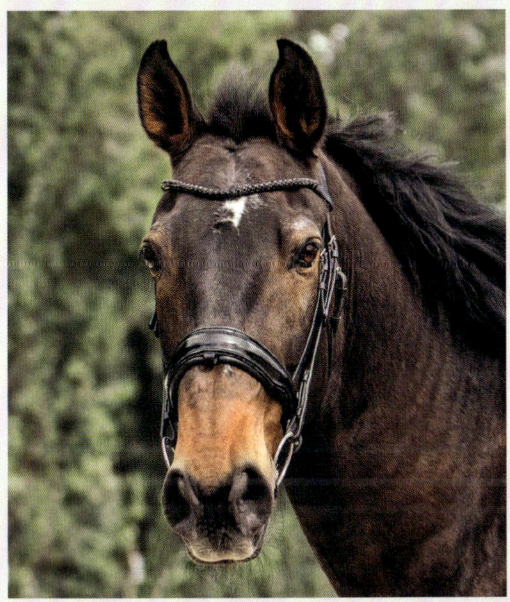

DECIDIDO

Decidido ist ein 2008 geborener PSL Lusitano-Wallach. Er kam 2019 als Berittpferd zu mir und war bis dahin rein dressurlich gefördert worden. Aufgrund der Schwangerschaft seiner Besitzerin konnte ich viel Zeit mit ihm verbringen. Sehr schnell lernte er die Trailhindernisse und die Arbeit am Rind, sodass die ersten Turniere bald möglich waren. Dido, wie wir ihn liebevoll nennen, ist immer bei der Sache. Auch wenn er manche Hindernisse gruselig findet, wächst er immer über sich hinaus und versucht, wirklich alles richtigzumachen. Das wurde bisher mit vielen goldenen Schleifen belohnt. Auch der Sohn seiner Besitzerin konnte mit ihm schon mit großem Erfolg an Führzügelklassen teilnehmen.

SERVICE

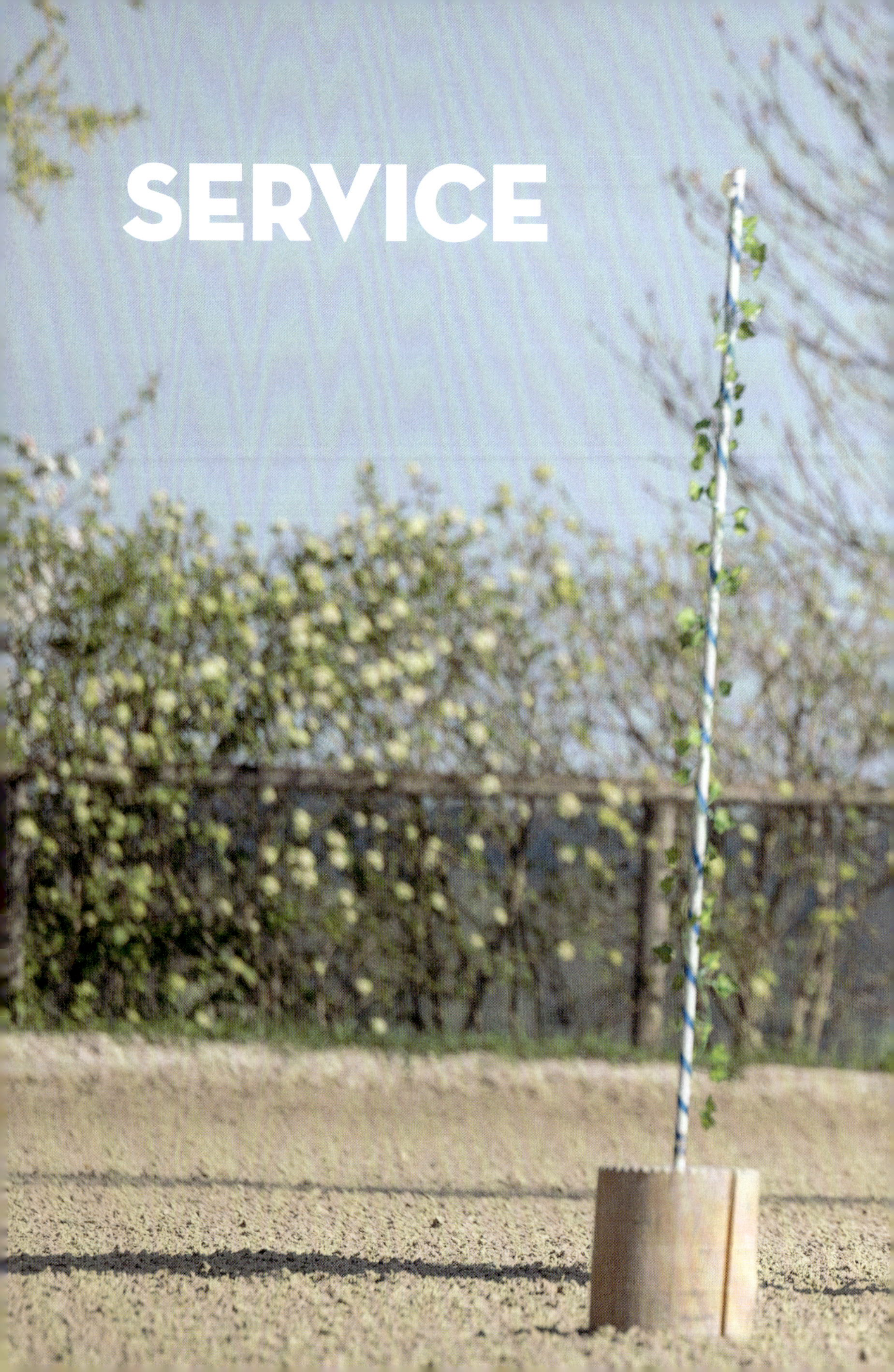

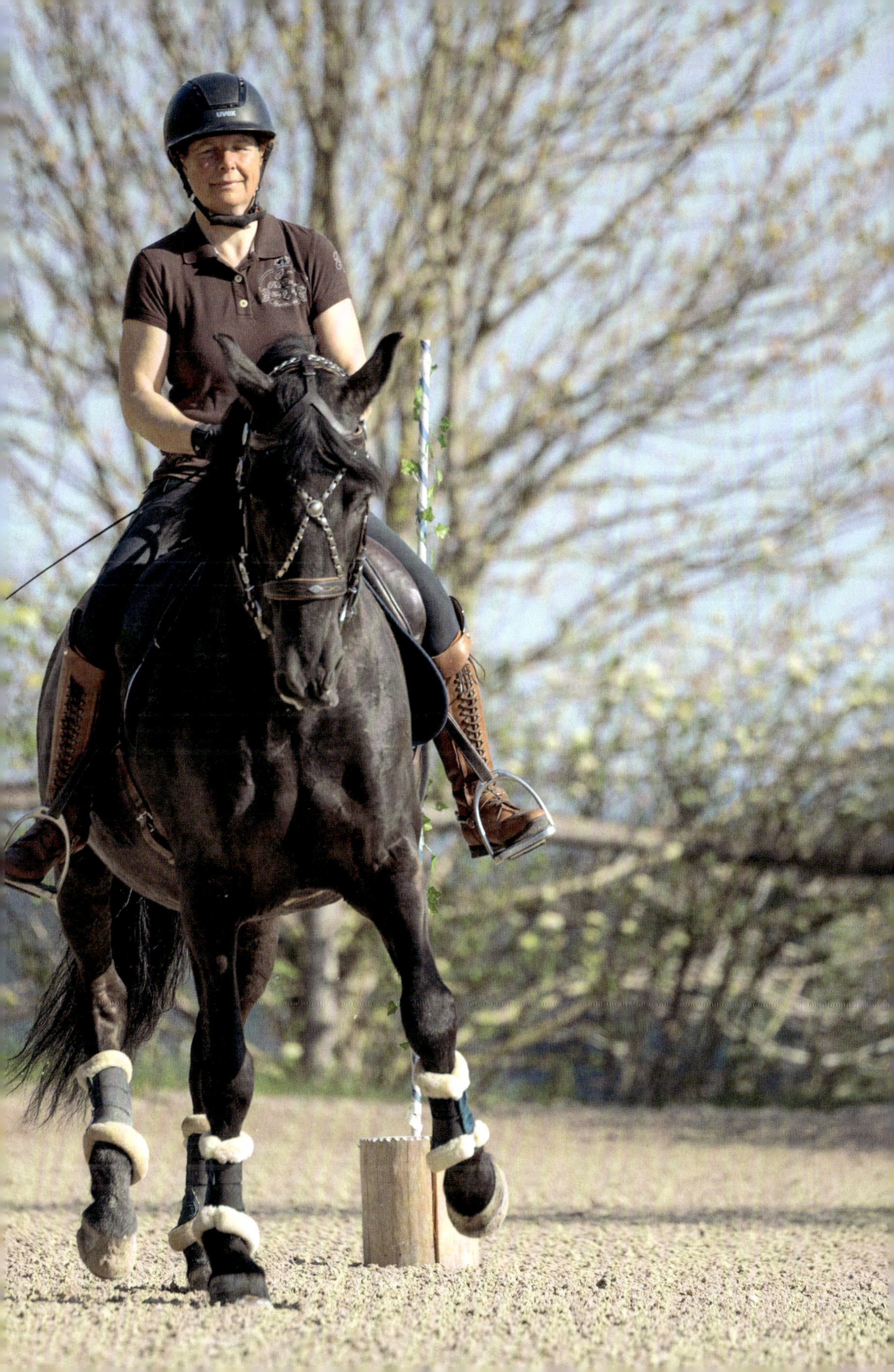

NÜTZLICHE ADRESSEN

Mirjam Wittmann Classic Equitation
Ausbildung und Beritt
Birkenstraße 3a
85567 Grafing bei München
www.mirjam-wittmann.de

Working Equitation Deutschland e. V. (WED)
www.wed-ev.com

World Association for Working Equitation (WAWE)
www.wawe-workingequitation.com

Working Equitation Austria (WEA)
www.working-equitation.at

Working Equitation Switzerland
www.arsets.ch

Swiss Equestrian
www.swiss-equestrian.ch

Deutsche Reiterliche Vereinigung e. V. (FN)
www.pferd-aktuell.de

Österreichischer Pferdesportverband (OEPS)
www.oeps.at

Schweizerischer Verband für Pferdesport (SVPS)
www.fnch.ch

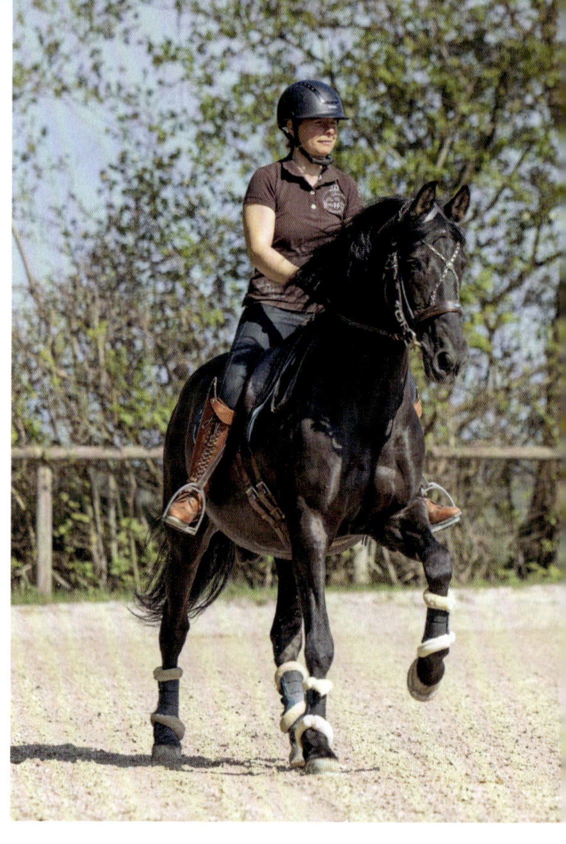

ZUM WEITERLESEN

Behling, Silke: **Pferderassen**; KOSMOS 2024
Vom Shetland Pony bis zum Shire Horse, vom Hannoveraner bis zum Andalusier – dieses kompakte Nachschlagewerk informiert kompetent über die bekanntesten und beliebtesten Pferderassen aller Welt. Kurzporträts mit rassetypischen Fotos und Größenskala geben einen schnellen Überblick über Aussehen, Herkunft und Besonderheiten der einzelnen Rassen und helfen bei der Auswahl des richtigen Pferdes.

Charles, Iris: **Fit aufs Pferd;** Kraft, Koordination, Körperspannung; KOMOS 2021
Nicht nur die Fitness des Pferdes, sondern auch Kondition und Koordination des Reiters entscheiden darüber, ob das Pferd-Reiter-Paar harmoniert und wie gut die Hilfengebung klappt. Dieses Buch zeigt, welche Muskeln für Reiter wichtig sind, wie Reiter beweglich und dennoch stabil im Sattel

sitzen und mit welchen Übungen sich Sitzprobleme aus der Welt schaffen lassen. Mit Fitnesstest und einfachen 7-Minuten-Workouts, speziell für Reiter!

Katzenberger-Schmelcher, Dr. Ruth: **Gehirnjogging für clevere Pferde**, Denksport auf vier Hufen; KOSMOS 2024
Die cleveren Übungen in Form von Denksport, motorischem Training und Gelassenheitstraining von Ruth Katzenberger-Schmelcher sind wahre Intelligenzbooster für Pferde und fördern ihre Selbstständigkeit sowie die Mensch-Pferd-Bindung.

Krüger, Konstanze, Marr, Isabell, Farmer, Kate: **Lateralität bei Pferden,** Was körperliche Schiefe, motorische Händigkeit und sensorische Lateralität bedeuten und wie Pferde in Balance kommen; KOSMOS 2024
Wie der Mensch verwenden Pferde ihre Körperseiten ungleichmäßig. Dieses Praxishandbuch erklärt in einfachen Schritten, wie anhand der Schiefe sowie der motorischen und sensorischen Lateralität herausgefunden werden kann, ob sich Pferde im Stall und im Training wohlfühlen. Es erklärt, was es bedeutet, wenn Pferde einseitig sind und wie sie in Balance kommen.

Meyners, Eckart u. a.: **Verbessere dein Reiten**, Finde die Lösung für Pferd und Reiter mit dem 6-Punkte-Programm; KOSMOS 2024
Sportpädagoge Eckart Meyners und seine Kolleginnen Katrin Eschenhorst und Rosi Schreiber-Jetzinger zeigen in diesem Buch eine moderne Lernmethodik, um das Reiten zu verbessern. Ihre gezielte Fehleranalyse sowie Übungen für konkrete Situationen helfen im Alltag.

Rashid, Mark: **Aus Liebe zu den Pferden**, Lehren aus den Begegnungen mit Charakter-Pferden; KOSMOS 2024
Emotional und unterhaltsam erzählt Mark Rashid, der Horseman aus Colorado, von unvergesslichen, beeindruckenden und ganz persönlichen Begegnungen mit Pferden, die sein Leben nachhaltig geprägt haben.

Schneider, Marius: **Trainingsbuch Bodenarbeit**; Gymnastizierende Ausbildung für jedes Pferd; KOSMOS 2021
Bodenarbeit gymnastiziert das Pferd, bereitet es optimal auf das Reiten vor und macht es fit für immer weiter fortschreitende Lektionen. Doch nicht nur Balance, Kraft und Beweglichkeit werden verbessert, sondern auch die entscheidende Grundlage für jede Zusammenarbeit zwischen Pferd und Mensch: die Kommunikation. Marius Schneider erklärt, wie man jedes Pferd, unabhängig von Rasse oder Alter, am Boden ausbildet, wie eine feine Hilfengebung erarbeitet wird und wie abwechslungsreich gute Bodenarbeit sein kann.

Schulte Wien, Beatrix; Keller, Irina: **Praxisbuch Physiogriffe für Pferde**, Wissen, Spüren, Behandeln; KOSMOS 2024
Wellness für das Pferd! Dieses Buch zeigt einfache und wirkungsvolle Handgriffe, mit denen man seinem Pferd Gutes tun kann. Entspannende Massagen und lockernde Fasziengriffe vor, nach oder statt dem Reiten sorgen für ein Wohlgefühl und lösen nebenbei auch so manches Rittigkeitsproblem. Fallbeispiele zeigen, welche Griffe z. B. bei Genick- oder Rückenproblemen die beste Wirkung haben.

DANKSAGUNG

Ich möchte mich bei all den Menschen bedanken, die mich bei der Entstehung dieses Buches begleitet haben!

REGISTER

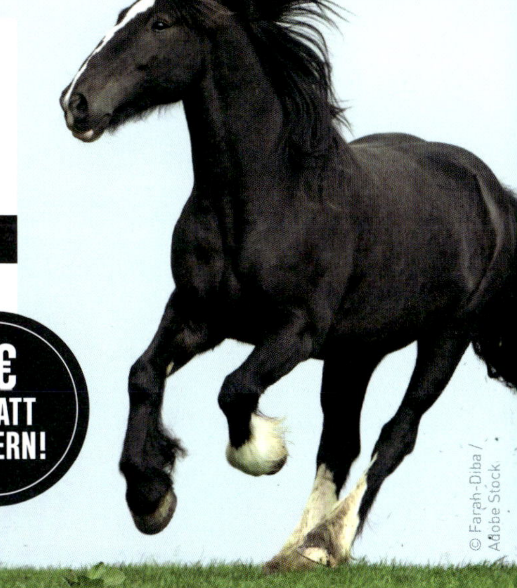

© Farah-Diba / Adobe Stock

BILDNACHWEIS

135 Farbfotos wurden von Silvia Stoib/Kosmos für dieses Buch aufgenommen. Weitere Bilder sind von AdobeStock/Santa001 (S. 10), Max Herrnberger Fotografie (S. 95, 119, 120 o., 120 u., 212 o., 121 u.) Christiane Slawik (S. 11, 17 o.l.) und Sandra Viertel (S. 29).

IMPRESSUM

Umschlaggestaltung von GRAMISCI Editorialdesign / Isabelle Fischer, München, unter Verwendung von Farbfotos von Silvia Stoib.

Mit 145 Farbfotos

Alle Angaben in diesem Buch erfolgen nach bestem Wissen und Gewissen. Sorgfalt bei der Umsetzung ist indes dennoch geboten. Der Verlag und die Autorin übernehmen keinerlei Haftung für Personen-, Sach- oder Vermögensschäden, die aus der Anwendung der vorgestellten Materialien und Methoden entstehen könnten.

Unser gesamtes Programm finden Sie unter **kosmos.de.**
Über Neuigkeiten informieren Sie regelmäßig unsere Newsletter, einfach anmelden unter **kosmos.de/newsletter**

Gedruckt auf chlorfrei gebleichtem Papier

ISBN 978-3-440-17760-0
Redaktion: Birgit Bohnet
Gestaltungskonzept: GRAMISCI Editorialdesign / Cornelia Sekulin
Gestaltung und Satz: Atelier Krohmer, Dettingen/Erms
Produktion: Claudia Frank
Druck und Bindung: Westermann Druck Zwickau GmbH, Zwickau
Printed in Germany / Imprimé en Allemagne

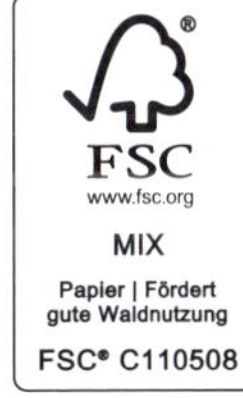

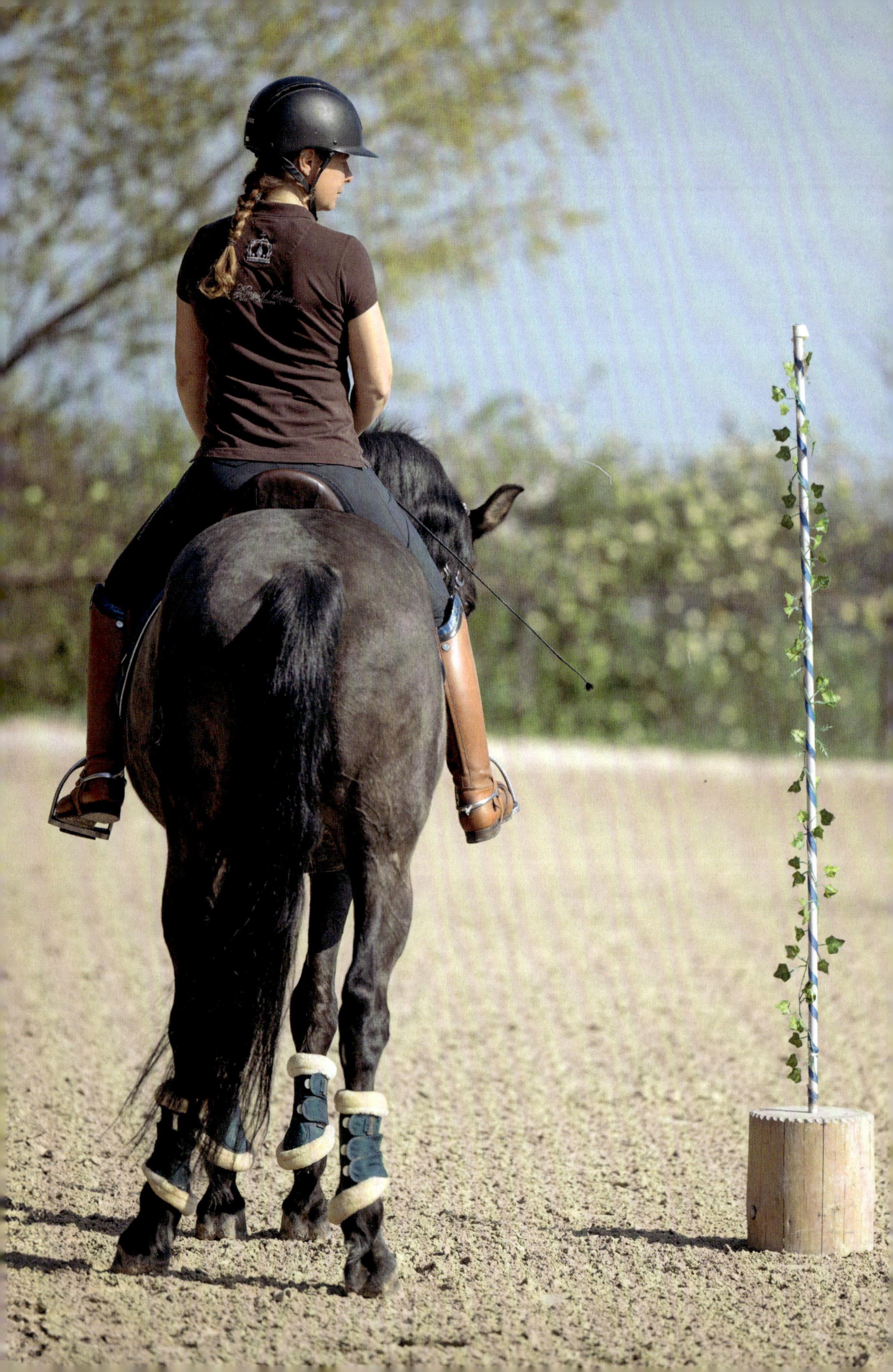